THÈSE POUR LE DOCTORAT

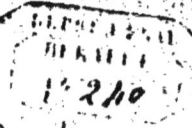

DES VOIES D'EXÉCUTION
SUR LES
BIENS DES DÉBITEURS EN DROIT ROMAIN
EXAMINÉES PRINCIPALEMENT DANS LE
PIGNUS IN CAUSA JUDICATI CAPTUM

ÉTUDE
SUR LA
SAISIE-ARRÊT
EN DROIT FRANÇAIS. — LÉGISLATIONS COMPARÉES

PAR

Léon HUGUET
AVOCAT A LA COUR D'APPEL DE MONTPELLIER.

> Qui s'oblige, oblige le sien....
> ... A un certain moment du développement des Sociétés, les droits et les obligations dépendent de la procédure. La procédure n'est pas simplement une sanction des droits et des obligations.
> Henry Sumner Maine; *Lectures on the early history of institutions*. London, 1875, lect. IX, pag. 252.

MONTPELLIER
TYPOGRAPHIE ET LITHOGRAPHIE BOEHM ET FILS
10, Rue d'Alger, 10

1884

THÈSE POUR LE DOCTORAT

DES VOIES D'EXÉCUTION
SUR LES
BIENS DES DÉBITEURS EN DROIT ROMAIN
EXAMINÉES PRINCIPALEMENT DANS LE
PIGNUS IN CAUSA JUDICATI CAPTUM

ÉTUDE
SUR LA
SAISIE-ARRÊT
EN DROIT FRANÇAIS. — LÉGISLATIONS COMPARÉES

PAR

Léon HUGUET
AVOCAT A LA COUR D'APPEL DE MONTPELLIER.

> Qui s'oblige, oblige le sien....
> ... A un certain moment du développement des Sociétés, les droits et les obligations découlent de la procédure. La procédure n'est pas simplement une sanction des droits et des obligations.
> Henry Sumner Maine; *Lectures on the early history of institutions*. London, 1875, lect. IX, pag. 252

MONTPELLIER
TYPOGRAPHIE ET LITHOGRAPHIE BOEHM ET FILS
10, Rue d'Alger, 10
1884

A TOUS LES MIENS

L. HUGUET.

PREMIÈRE PARTIE.
Droit Romain.

DES VOIES D'EXÉCUTION
SUR LES
BIENS DES DÉBITEURS EN DROIT ROMAIN
EXAMINÉES PRINCIPALEMENT DANS LE
PIGNUS IN CAUSA JUDICATI CAPTUM[1]

Qui s'oblige... oblige le sien.

INTRODUCTION.

Les institutions d'un peuple établissent, d'une façon précise, quel était le degré de civilisation de ce peuple aux différentes époques de son histoire. Encore barbare, ses lois sont rudes, elles se ressentent de l'âpreté des mœurs; devenu civilisé, les procédés cruels font place à des institutions plus humaines, dont le développement

---

[1] *Bibliographie.* — Accarias, *Précis de droit Romain*; Bonjean, *Des actions en droit Romain*; Demangeat, *Droit Romain*; Giraud, *Des nexi*; J. Hering, *Esprit du droit Romain*; Jourdan, *De l'hypothèque*; Keller, *Traité des actions en droit Romain*; Labbé, *De la garantie*; Ortolan, *Droit Romain*; Tambour, *Des voies d'exécution*; Walter, *Histoire de la procédure civile chez les Romains*; Zimmern, *Traité des actions en droit Romain*.

de plus en plus croissant de la civilisation atténue sans cesse la rigueur.

Mais si les lois en général participent de l'état dans lequel se trouve le peuple qui les a faites, à plus forte raison en est-il de même pour la partie de ces lois qui a trait à l'exécution des obligations.

Le peuple Romain, plus que tout autre, nous montre la justesse de ce que nous venons d'avancer, dans l'étude de ses moyens d'exécution contre les débiteurs malheureux.

Empreintes de cette fermeté et de cette rigueur qui devaient, par la suite, donner à Rome l'empire du monde, les premières lois contre les débiteurs étaient poussées jusqu'à la cruauté. Le créancier, une fois son droit reconnu, pouvait, non seulement s'emparer de la personne de son débiteur, le réduire en esclavage, le charger de chaînes, mais encore le tuer. Ce meurtre du débiteur ne fut, à ce que nous disent les textes, jamais pratiqué, mais il en fut autrement et de la mise en prison et de la vente, car longtemps les débiteurs malheureux furent réduits en servitude, longtemps ce vieux droit Quiritaire, si inflexible dans ses rigueurs, autorisa ces tombes vivantes constamment ouvertes pour les pauvres.

Mais peu à peu les mœurs s'adoucissent, le droit s'humanise, et c'est au préteur qu'est réservée la noble tâche de remplacer les anciennes formes par un système plus conforme au droit et à la raison. Des facilités sont données aux débiteurs, les créanciers ne peuvent plus les réduire en esclavage, et si l'emprisonnement pour dettes subsiste toujours, néanmoins l'exécution sur les biens remplace presque complètement l'exécution sur la personne. Tous ces progrès furent lents ; cette idée de dignité humaine qui fait que l'homme attache un grand prix à sa liberté individuelle, ne germa que très lentement dans l'esprit des jurisconsultes romains, mais elle y germa cependant, car il y a loin des moyens primitifs d'exécution du vieux droit Romain à ceux qui furent introduits en dernier lieu par le développement de la science juridique.

Nous diviserons l'étude à laquelle nous allons nous livrer en trois périodes, qui correspondent naturellement à trois phases bien tranchées de la législation Romaine.

Dans la première, nous dirons quelques mots de la *Manus injectio*, de la *Pignoris capio* et de la *Sectio bonorum*, mais seulement afin de voir dans quelle mesure l'exécution sur la personne pouvait entraîner l'exécution sur les biens, et d'établir les principes de ces voies d'exécution, qui plus tard serviront de modèle au préteur pour en constituer de nouvelles.

Dans la deuxième, nous étudierons la *Venditio bonorum* avec son préliminaire obligé, la *Missio in possessionem*.

Enfin, dans la troisième, après avoir traité rapidement de la *Distractio bonorum*, nous nous étendrons surtout sur le *Pignus in causâ judicati captum*, partie principale de notre étude.

Nous avons essayé de donner, des voies d'exécution sur les biens à Rome, une sorte d'aperçu suffisant pour faire bien voir la beauté de cette progression constante des idées romaines en cette matière. Nous aurions désiré traiter plus longuement les parties qui précèdent, l'étude du *Pignus in causâ judicati captum* ; mais les bornes que nous nous sommes imposées ne nous ont permis d'insister que sur la saisie des objets particuliers, dont l'importance est plus grande, étant donné notre sujet de droit Français.

CHAPITRE PREMIER.

Des voies d'exécution dans l'ancien Droit Romain.

Aux premiers siècles de Rome, on ne rencontre pas, comme moyen d'arriver au payement, de véritable système d'exécution directe sur les biens des débiteurs. On voit, il est vrai, la *Sectio bonorum* et la *Pignoris capio* permettre la saisie et la vente, soit de certains objets, soit de tout le patrimoine de certains débiteurs ; mais ces deux voies extraordinaires d'exécution n'étaient admises exceptionnellement que dans certains cas se rattachant au droit public et religieux. L'exécution sur la personne : tel était le droit commun.

Cependant, comme ces droits du créancier sur la personne du débiteur ont le plus souvent pour conséquence indirecte d'arriver au payement, et comme ces deux moyens de contrainte sur les biens, dont nous venons de parler, serviront plus tard de modèle au préteur pour établir un système complet d'exécution, malgré le peu d'importance que peut avoir pour nous leur étude, nous avons pensé qu'il serait néanmoins utile d'en faire un rapide exposé dans notre première section.

PREMIÈRE SECTION.
DE LA MANUS INJECTIO.

La personne même du débiteur répondait de l'exécution de ses obligations : tel était le principe consacré par la loi des XII Tables. Tout créancier, au cas de non-payement, avait à sa disposition une contrainte par corps, dite : *Manûs injectio*, qui lui permettait de saisir, réduire en esclavage, charger de chaînes, vendre, et mettre même à mort la personne de son débiteur. Et cette disposition, que l'on peut qualifier de barbare, fut en vigueur, quoique bien atténuée dans les derniers temps, pendant près de 600 ans.

La persistance d'une telle voie d'exécution des obligations, chez un peuple qui s'était inspiré pour la confection de ses lois de la législation athénienne (laquelle, depuis Solon, avait rejeté la contrainte par corps), paraîtrait assez extraordinaire si l'on ne connaissait la situation respective des patriciens et des plébéiens.

Les premiers, riches, puissants, trop désireux de conserver leur supériorité, se gardaient bien d'effacer une disposition législative qui ne pouvait les atteindre et qui leur permettait de dominer les seconds, trop pauvres pour que des moyens de poursuite sur leurs biens fussent valablement organisés.

Ajoutons toutefois que la disposition de la loi des XII Tables qui donnait au créancier le droit de mettre à mort son débiteur, ne fut jamais appliquée. Mais elle n'en existait pas moins, car Aulu-Gelle, de peur de n'être point cru sur parole, cite le texte même de la loi [1].

De quelle façon procédait-on à la *Manûs injectio* ? Trente jours après l'échéance de la dette, le créancier qui rencontrait son débiteur, mettait la main sur lui en prononçant des paroles solennelles et le conduisait

---

[1] Ce droit de vie ou de mort du créancier sur son débiteur a été contesté, mais à tort, car Aulu-Gelle (*Nuits attiques*, XX, 1) est confirmé par Tertullien, *Apolog.*, 4, et Quintilien, *Inst. orat.*, III, 6.

ensuite devant le magistrat. Là, si le débiteur ne pouvait ni s'exécuter ni trouver un citoyen (*vindex*) qui prît fait et cause pour lui et le défendît, le créancier l'emmenait avec lui.

Quelle était sa situation ? Pendant cette captivité de fait, il ne subissait aucun changement d'état, il pouvait même conclure des arrangements avec son créancier, mais il devait travailler pour ce dernier.

Pendant 60 jours il restait entre les mains de son créancier, qui devait le conduire de neuvaine en neuvaine, par trois jours de marché consécutifs, sur le forum, et là faire proclamer par le héraut quel était le quantum de la dette, afin que ses parents et amis pussent le délivrer en payant. Une fois ce délai expiré, il perdait sa qualité de citoyen et d'homme libre, et devenait l'esclave de son créancier.

Si au contraire il se présentait un *vindex* pour défendre le débiteur, un débat s'engageait entre le premier et le créancier; après quoi le magistrat statuait sur le point de savoir s'il y avait, ou non, lieu d'appliquer la *Manûs injectio*.

Dans le premier cas, la *Manûs injectio* était une voie d'exécution, un acte de justice privée solennelle, qui n'exigeait la conduite du débiteur devant le magistrat qu'afin de lui permettre de trouver quelqu'un qui pût contester le droit du créancier [1].

---

[1] On admet généralement que le créancier conduisait son débiteur devant le magistrat pour se le faire adjuger : c'est une erreur, car la loi des XII Tables ne parle point d'une *addictio* prononcée par le préteur (*Ni judicatum facit aut quis endo in eo jure vindicit ducito*), ainsi que Gaïus (IV, 20, *qui vindicem non dabat domum ducebatur ab auctore et vindicebatur*). Du reste, pourquoi cette *addictio* du magistrat ? le dé-

Dans le second cas, elle dégénérait en procédure[1], et nécessitait l'intervention du magistrat pour statuer sur la contestation.

La *Manûs injectio* pouvait être pratiquée à suite de condamnation en justice (*Manûs injectio judicati*), de *Confessio injure*, de dette d'argent, d'obligation contractée par le *nexum*, d'*indefensio*. Toute personne avait le droit de la pratiquer, aux termes de la loi *Publilia*, contre le *reus* qui ne remboursait pas dans les six mois les sommes payées par le *sponsor*, et de la loi *Furia de sponsu* contre le créancier qui avait exigé d'un *sponsor* plus que sa part virile (*Manûs injectio pro judicato*); en vertu de la loi *Furia testamentaria* contre le légataire qui avait accepté un legs de plus de mille as, et de la loi *Marcia* contre les *fænatores* qui avaient touché des intérêts usuraires [2] (*Manûs injectio pura*). Enfin peut-être était-elle admise dans certains autres cas que nous ne connaissons pas.

Quel était l'effet de la *Manûs injectio* sur les biens du débiteur ? Les textes sont muets et ne font pas la moindre allusion à une saisie de biens opérée par elle. Ce silence, croyons-nous, se comprend parfaitement, en présence des droits du créancier sur la personne du débiteur. En effet, comment supposer qu'un débiteur qui avait des biens pût se laisser traîner en esclavage sans chercher à désintéresser son créancier ! Ce n'est pas possible.

---

biteur était en aveu il savait parfaitement quelles seraient les conséquences de la *Manûs injectio*. (Voir J. Hering. *Esprit du droit Romain*, 1, pag. 153.)

[1] En classant la *Manûs injectio* parmi les anciennes procédures des *Legis actiones*, on avait donc en vue notre second cas, qui probablement était le plus fréquent.

[2] Il paraît qu'au cas de *Manûs injectio pura*, le débiteur avait la faculté de se défendre lui-même sans le secours d'un *vindex*. (G., IV, 23.)

L'exécution sur la personne entraînait donc l'exécution sur les biens.

Il est même probable que, sans être régularisée, l'exécution sur les biens n'en existait pas moins en pratique ; c'est ce qui nous paraît résulter d'un passage de Tite-Live [1] où il parle de l'édit par lequel le consul Servilius défendait toute poursuite sur les biens des débiteurs qui consentiraient à prendre les armes contre les Volsques, et du droit qu'avaient les magistrats, pour se faire obéir, d'infliger des amendes et d'ordonner des saisies à titre de gage [2].

La loi *Vallia*, qui donna le caractère de *puræ* à toutes les *Manûs injectiones* autres que celles dérivant d'un *judicatum* et de *sponsio* (G., IV, 25), et la loi *Pætilia* (428 ou 440) qui abolit l'engagement de la personne dans le *nexum* [3], en enlevant à la *Manûs injectio* la plupart de ses cas d'application, nous font penser que les préteurs, après ces lois et conformément à l'esprit qui les avait édictées, durent chercher à faire prédominer dans toutes les poursuites l'exécution sur les biens [4].

Notre voie d'exécution subsista jusqu'à l'établisse-

---

[1] Tite-Live, II, 24.
[2] Aulu-Gelle, *N. att.*, 14. 7. Tite-Live, III, 38.
[3] Il existe une vive controverse sur le point de savoir quels étaient les droits du créancier sur les biens de son débiteur qui s'était engagé envers lui par le *nexum*. Nous nous contentons de dire, sans entrer dans la discussion, qui est en dehors de notre thèse, que le *nexum* avait pour effet de placer le débiteur, après l'échéance de la dette, dans la même situation que le *judicatus*. Cela résulte du *Com.* III, pag. 174, de Gaïus. Voir Tambour, *Des voies d'exécution*; Zimmern et Bonjean, *Traité des actions*; Giraud, *Des nexi*.
[4] Un passage de Plaute vient à l'appui de cette supposition ; Plaute, *Pænulus*, acte V, 186.

ment du système formulaire, et même plus tard, au dire de certains auteurs[1].

SECTION II.

DE LA PIGNORIS CAPIO ET DE LA SECTIO BONORUM.

La *Pignoris capio* et la *Sectio bonorum* ne sont pas sans offrir un certain intérêt, car, outre qu'elles vont servir plus tard de modèle au préteur, elles nous montrent qu'à notre période l'exécution sur les biens des débiteurs était possible dans certains cas.

Gaïus nous dit (IV, 27, 28) qu'en vertu de la *Pignoris capio* le créancier pouvait saisir un gage de son débiteur, de son autorité privée et même sans que ce dernier assistât à cette prise de gage. L'absence du magistrat, de l'adversaire, ainsi que les formes de cette action, qu'un jour néfaste n'empêchait point, la distinguent tellement des autres actions de la loi, que Gaïus prend la peine de nous dire en son § 29 : « *Certis verbis pignus capiebatur, et ob id plerisque placebat, hanc quoque legis actionem esse* ». L'emploi de cette action sommaire et expéditive était peu fréquent. On la donnait aux soldats pour le payement de leur solde, aux cavaliers pour le payement de l'*æs equestre* ou argent destiné à l'achat d'un cheval, et de l'*æs hordearium* ou argent destiné à acheter du fourrage[2]. En vertu de la loi Censoria, elle était accordée aux Publicains pour le recou-

---

[1] Ortolan, II, pag. 511.
[2] Dans ce cas, elle était donnée contre les particuliers, désignés, suivant leur fortune, pour fournir à la cavalerie romaine, soit un cheval, soit du fourrage. Tite-Live, I, 43.

vrement de l'impôt[1]. Enfin elle s'exerçait aussi dans un intérêt religieux et était donnée contre le débiteur du prix d'une victime et contre le locateur d'une bête de somme lorsque le produit de la location devait être affecté à un sacrifice.

Lorsque le saisi reconnaissait le droit de son adversaire, pas de difficulté; mais s'il contestait, qu'arrivait-il ? Gaïus est muet sur ce point. Il est probable, comme le pense M. J. Hering[2], que le droit ancien devait avoir prévu ce cas, sinon le premier venu aurait pu, à sa fantaisie, opérer une prise de gage sans que le saisi pût s'y opposer. Selon cet auteur, l'acte de la *Pignoris capio* devait être suivi d'une procédure ayant pour but l'examen de sa légitimité. Et c'est cette procédure et non l'acte lui-même qui y donnait lieu, que considéraient les juristes qui rangeaient la *Legis actio per pignoris capionem* parmi les modes de procédure. Un texte d'Ulpien (l. 29, § 7, D. *Ad leg. Aquil.*, 9, 2), sans être directement applicable, vient cependant à l'appui de cette manière de voir.

La *Pignoris capio* ne disparut pas avec le système des actions de la loi; il est généralement admis qu'elle ne fut supprimée que par les lois *Juliæ* (729 de Rome).

Passons maintenant à l'étude du second mode extraordinaire d'exécution sur les biens à notre période, c'est-à-dire à la *Sectio bonorum*.

La *Sectio bonorum* était une vente aux enchères faite par les agents ou questeurs du Trésor pour le compte de l'État, soit de l'ensemble d'un patrimoine, soit de choses

---

[1] Elle leur resta acquise même après l'introduction de la procédure formulaire.
[2] J. Hering, *Esprit du droit Romain*, I, pag. 161.

individuellement déterminées. Dans le premier cas, c'était une vente en masse des biens composant le patrimoine de celui qui avait été frappé de la peine de la *publicatio* (c'est-à-dire de la confiscation générale[1]), de celui qui n'acquittait pas une amende à laquelle il avait été condamné, ou bien de celui qui avait été proscrit[2]. Dans le second cas, c'était une vente portant seulement sur des objets pris à l'ennemi[3].

Les questeurs étaient envoyés en possession des biens et les faisaient vendre aux enchères publiques, *sub hasta*, symbole de la propriété romaine[4], après avoir préalablement fait apposer des affiches annonçant la vente.

L'acquéreur, désigné sous le nom de *Bonorum sector*, une fois le prix payé, devenait *Dominus ex jure quiritium* des objets, ainsi que de l'universalité du patrimoine par lui acquis, indépendamment de toute solennité, de toute tradition[5].

Cette anomalie aux principes généraux du droit Romain en matière de transmission de propriété ne s'explique, croyons-nous, que par une idée de faveur et de protection à l'égard des acheteurs, afin de les attirer.

L'acquéreur avait l'interdit *sectorium* pour se faire mettre en possession, et succédait comme un héritier à tous les droits et obligations de celui dont les biens avaient été vendus[6].

---

[1] Cic., *Pro Rosc. Amer.*, 43.

[2] L. 6. C. *De fd. et jur. hast.*, X, 3.—Cicér., *Philipp.*, 2, 26.

[3] Florus, 2, 6. n° 48 — Cicér., *De jur.* 1, 45.

[4] Cicér., *Philipp.*, 2, 26. L. 1, 5, C. *De fd. et jur. hast.*, X. 3.— Fœstus, V. *Hastæ*.

[5] L. 3, C. *De fd. et jur. hast.* — Varron, *De re rust.*, 2, 10. — Accarias, 2, pag. 169.

[6] Gaïus, 4, 146.

Comme cet acquéreur devenait propriétaire quiritaire des objets ou universalités par lui acquis, il est probable qu'il devait être considéré comme créancier ou débiteur *jure civili*, et par suite les actions données pour ou contre lui devaient être directes[1]. Mais ce n'est qu'une simple conjecture.

Telles étaient les deux voies d'exécution de cette période sur les biens des débiteurs. Elles constituaient, on le voit, des procédures spéciales d'une application fort restreinte, mais leur existence même nous démontre que l'exécution sur les biens n'était point ignorée, quelque grande que fût la place occupée à cette époque par l'exécution sur la personne.

[1] Accarias, II, pag. 170, n° 1.

CHAPITRE II.

Des voies d'exécution sur les biens sous le droit Prétorien.

Nous venons de voir, dans la période précédente, l'exécution sur les biens exister en fait, mais intimement liée à l'exécution sur la personne et sans organisation générale. Pour trouver une voie de contrainte spécialement établie sur les biens des débiteurs, il faut arriver au commencement du vii° siècle de Rome, où l'on voit apparaître la *Bonorum venditio*, cette vente en masse par le créancier, et à son profit, des entiers biens de son débiteur.

Quant à l'exécution sur la personne, nous la retrouvons encore, mais adoucie dans ses formes : le droit de vie et de mort, ainsi que l'esclavage, n'en sont plus les conséquences ; le créancier n'a que le pouvoir de faire travailler son débiteur pour son compte jusqu'à l'acquittement de sa dette[1] ou bien de le détenir en prison. Toutefois, ces dernières mesures ne furent guère usitées, d'abord parce qu'une fois les biens vendus, l'emprisonnement constituait le plus souvent une charge ; ensuite parce qu'une loi *Julia* permit aux débiteurs d'éviter l'exécution sur leur personne en faisant la *Cessio bonorum* à leurs créanciers[2].

D'après Gaïus (IV, 35), c'est au préteur Rutilius que revient l'honneur d'avoir fait de l'exécution sur les biens un moyen de contrainte complètement indépendant de

---

[1] Cicér., *Pro Flacco*, 20 ; Aulu-Gelle, XX, 1, n° 51.
[2] L. 17, pr. D. *De accept.*, 4, 8.

l'exécution sur la personne. Quel est ce Rutilius? Est-ce celui dont parle Cicéron et qui fut consul en 649 [1]; est-ce celui que cite Tite-Live et dont la préture remonterait à l'an 586 de Rome [2]? Nous ne savons rien de bien précis. Ce qui est probable, c'est que ce Rutilius ne fit que donner au système déjà mis en pratique par les préteurs sa forme classique; mais ce n'est qu'une conjecture. Ce que nous pouvons dire avec certitude, c'est qu'un véritable système commença à être mis en vigueur du vi° au commencement du vii° siècle de Rome.

Le préteur s'attacha à modeler son nouveau système sur l'ancien [3]; pour la transmission des biens, il étendit les principes de la *Bonorum sectio*; à l'ancienne *Manûs injectio* il emprunta ses formes et ses délais, et créa ainsi la *Bonorum venditio*, ce mode d'exécution plus en harmonie avec l'adoucissement des mœurs. Nous allons l'étudier avec une rapidité que ne comporte pas l'importance d'un tel sujet, mais que notre programme nous impose.

DE LA BONORUM VENDITIO.

La *Bonorum venditio* se divise en deux phases bien distinctes : 1° envoi en possession; 2° vente. Notre étude se trouve donc naturellement divisée en deux sections. Dans la première nous traiterons de l'envoi en possession, et dans la seconde nous étudierons la vente.

[1] *Pro Plancio*, 21; *De Oratore*, 2, 69; *Brutus*, 22, 86.
[2] Tite-Live, XLV, 44.
[3] Ce qui fait dire à M. Ortolan que la personnalité juridique du débiteur remplaçait la personnalité physique, et qu'on appliquait à l'une ce qui dans l'action de la loi s'appliquait à l'autre.

PREMIÈRE SECTION.

DE L'ENVOI EN POSSESSION.

La *Missio in possessionem* était une mesure prise par le préteur afin de sauvegarder les droits des parties ou de vaincre une résistance opposée à une décision judiciaire. En vertu de son *imperium*, le préteur envoyait en possession la partie intéressée, de tout ou partie du patrimoine d'une tierce personne. Cette mesure ne constituait pas par elle-même un moyen d'exécution, elle était plutôt un acte conservatoire, un moyen de contrainte indirect, préliminaire obligé de la *Bonorum venditio*; ce qui ne signifie point que cette dernière ait lieu ou soit possible dans toutes les hypothèses qui donnent ouverture à l'envoi en possession.

Les cas d'application de l'envoi en possession sont assez nombreux, mais nous n'avons ici à nous occuper que d'un seul : celui que les créanciers peuvent obtenir à l'encontre de leur débiteur; autrement dit, de la *Missio in possessionem rei servandæ causâ*.

§ 1er. CAS DANS LESQUELS IL AVAIT LIEU.

Les cas dans lesquels l'envoi en possession *Rei servandæ causâ* pouvait avoir lieu étaient les suivants[1] :

1° Au cas d'inexécution de la sentence ou de *Confessio in jure*;

2° Au cas de cession de biens;

3° Au cas d'incapacité, d'absence frauduleuse ou non frauduleuse du débiteur;

---

[1] Cicéron, *Pro Quintio*, § 19. Gaius, III, 78.

4° Enfin, au cas où la succession du débiteur est vacante ou acceptée par un héritier suspect.

Examinons rapidement ces diverses hypothèses.

Ier Cas. *Inexécution de la sentence* ou *Confessio in jure*. — A défaut de paiement, le créancier muni d'une sentence régulière de condamnation pouvait obtenir l'envoi en possession, mais seulement au bout de trente jours, afin de faciliter au débiteur sa libération. Le magistrat et même le *Judex* avaient la faculté de le modifier suivant les circonstances [1]. Ce délai de trente jours subsista pendant toute la période du droit classique. Justinien le porta à quatre mois [2].

Le débiteur qui, cité en justice, se présentait et avouait sa dette, était dit *Confessus in jure*, et son aveu équivalait à une sentence rendue contre lui : *Confessus in jure pro judicato tenetur*, dit en effet Paul [3]. Dès lors, ce que nous venons de dire s'applique également à cette hypothèse.

IIe Cas. *Cession de biens*. — La cession de biens était l'abandon complet de son patrimoine fait par un débiteur en faveur de ses créanciers.

Introduite dans la législation Romaine par une loi *Julia* [4], elle avait pour but, à suite d'une *Damnatio* ou

---

[1] Surtout lorsque le débiteur offrait de suffisantes garanties, 2, 4, §§ 5, D. *De re judicata*, 42, 1 ; 21, D. *De judic.*, 5, 1 ; 2, 31, D. *De re judic.* Ce délai pouvait également être restreint.

[2] 2, 3, § 1, C. *De usur. rei. judic.*, 7, 54. On a prétendu que Constantin avait porté à deux mois le délai classique, mais il n'en est fait mention nulle part.

[3] Paul, *Sent.*, II, 1, § 5.

[4] Gaius, III, 78, probablement une des *Leges judiciariæ* rendues au commencement du VIIIe siècle de Rome, et plus tard étendues par les empereurs à toute l'Italie.

Confessio in jure, de soustraire le débiteur aux rigoureuses conséquences d'une exécution sur sa personne, c'est-à-dire à l'emprisonnement et à l'infamie [1].

A l'origine, elle consistait en certains rites déterminés que nous ne connaissons pas, lesquels, abolis par Théodose [2], furent remplacés par une déclaration devant le magistrat. Plus tard, sous Justinien, elle fut affranchie de toute formalité [3].

Pour être valable, elle devait porter sur tous les biens du débiteur, sans quoi les créanciers n'étaient pas tenus de l'accepter. Étant donnée cette condition essentielle, on peut se demander si les fils de famille qui n'avaient pas de pécule avaient le droit d'user de ce bénéfice. Une constitution de Justinien [4] le leur accorde, afin, dit ce prince, « qu'ils ne supportent pas l'infamie et l'emprisonnement ». Mais en était-il de même avant lui? Nous ne le croyons pas; car, outre que les textes sont muets, la constitution que nous venons de citer aurait été inutile si cela leur avait été permis. Du reste, l'examen de la constitution elle-même nous démontre que Justinien innovait [5].

Par la cession de biens, le débiteur n'était libéré que jusqu'à concurrence du produit de la vente et restait tenu pour le surplus. Dans ce dernier cas, il pouvait re-

---

[1] Nous trouvons ici l'origine de notre Cession de biens des art. 893 et suiv. du Code de procédure, ainsi que celle de l'art. 1268 du Code civil, qui permet au débiteur malheureux de faire cession de biens, afin d'éviter la contrainte par corps (avant la loi de 1867 qui l'abolit en matière civile et commerciale).

[2] L. 5, C. *Qui bon. ced. poss.*

[3] 9, D. *De Cess. bonor.*, 42, 3.

[4] L. 7, C. *Qui bon. ced. poss.*, 7, 71.

[5] Accarias, II. pag. 896.

pousser la demande des créanciers par l'exception *Nisi bonis cesserit*, tant qu'il n'avait pas acquis de nouveaux biens; et même, s'il lui advenait un nouveau patrimoine, il ne pouvait être condamné que jusqu'à concurrence de ce qu'il pouvait payer. Enfin, ainsi que nous l'avons dit, le principal effet était d'éviter au débiteur la contrainte par corps et l'infamie [1].

Quant aux créanciers, la cession de biens n'avait pas pour effet de leur transférer un droit de propriété ou de possession sur les biens cédés, puisque jusqu'à la vente le débiteur avait la faculté de les reprendre en effectuant le payement de sa dette [2]; ils avaient donc un simple droit de rétention.

La cession de biens n'était-elle accordée qu'au débiteur malheureux et de bonne foi ? On l'admet généralement en se basant sur les textes et les arguments suivants : Deux constitutions du code Théodosien [3] établissent formellement la distinction entre le débiteur de mauvaise foi et celui qui est devenu insolvable par suite de malheurs. Aulu-Gelle dans ses *Nuits attiques* (XX, 1) fait dire au jurisconsulte Sœxtus Cœcilius : *Addici nunc et vinciri multos vidimus*. Enfin le fragment 25, § 7, *Quæ in fraudem credit*, 42, 8, permet au créancier d'exercer l'action Paulienne contre le débiteur de mauvaise foi dont les biens ont été vendus, et ce, *non propter emolumentum actionis sed propter pœnam*. A cela on ajoute que si tous les débiteurs sans exception avaient eu la possibilité de faire cession de

---

[1] L. 1, C. *Qui bon. ced.*, 7, 71.

[2] Dioclétien et Maximilien disent en effet C. 4, *Qui bon. ced.*, 7, 71 : *Non creditoribus sua auctoritate dividere hæc bona et jure domini detinere permissum est*.

[3] C. Théod., L. 1 et 4, *Qui ex lege Jul.*, 4, 20.

biens, la contrainte par corps, qui cependant existait, aurait été inutile[1].

Nous reconnaissons que les arguments invoqués à l'appui de cette opinion ont leur valeur, mais cependant on ne peut l'adopter. En effet, il n'existe pas de texte qui exige la bonne foi comme condition de la cession de biens; il est dès lors extraordinaire qu'une pareille disposition, si elle avait existé, n'ait été insérée nulle part. Ensuite, dans sa novelle 135, Justinien[2] déclare que tous les débiteurs de bonne foi seront, à l'avenir, à l'abri de la déchéance morale encourue par suite de la perte de l'*existimatio* entraînée par la cession de biens; c'est qu'alors, avant lui, tous les débiteurs sans exception jouissaient de ce bénéfice. Enfin il n'y a pas une incompatibilité absolue, comme on veut bien le dire, entre le maintien de la contrainte par corps et le droit qu'aurait tout débiteur d'obtenir la cession de biens, car, si le débiteur n'a absolument rien, l'exécution sur la personne est seule possible.

La constitution 8 de Justinien *Qui bon. ced. poss.* accorde au débiteur auquel les créanciers ont refusé la cession de biens, un délai de cinq ans pour se libérer.

Au cas de désaccord entre créanciers sur le point de savoir si la cession de biens doit être accordée ou refusée, la majorité, en somme, l'emporte, quelle que soit la qualité des créanciers, hypothécaires ou chirographaires.

IIIe cas. *Incapacité. Absence frauduleuse ou non du débiteur.* — Sous la période formulaire, l'instance, on le

---

[1] Accarias, II, pag. 897, note 2.
[2] Nov. 135, ch. II. Cicéron, 2 *Philipp.*, ch. XVII. Sic Tambour, I, pag. 135.

sait, se divisait en deux parties bien distinctes : l'une devant le magistrat, l'autre devant le juge. Dans la première, la présence des parties était absolument nécessaire pour qu'il y eût débat engagé ; en un mot, *Litis contestatio*, sans laquelle une sentence ne pouvait être rendue. Dès lors, comme le débiteur pouvait, soit par son absence, soit par son incapacité qui l'assimilait à un absent, ne pas permettre à son créancier de se faire rendre justice, le préteur intervenait et accordait au créancier l'envoi en possession des biens de son débiteur.

Il en était de même lorsque le débiteur s'exilait, ou bien, après s'être présenté *in jure* et avoir prié le magistrat de renvoyer à un jour ultérieur, en donnant la *Cautio jure sistendi*, il ne se représentait pas. Lorsque l'*indefensus* était un incapable (*Pupille, Furiosus*), le préteur ordonnait au tuteur, à un cognat, à un affranchi et même à un ami, de comparaître devant le tribunal pour y défendre cet incapable. Il n'accordait alors l'envoi en possession que tout autant que l'*indefensio* était bien certaine[1], et en retardant la *Bonorum venditio* jusqu'à la majorité s'il s'agissait d'un impubère.

Justinien introduisit quelques modifications dans les règles précédentes ; par exemple, si le débiteur savait qu'une action était intentée contre lui, la sentence pouvait être prononcée même si son absence s'était produite avant la *Litis contestatio* (Nov. 69, ch. 2 et 3).

IV° Cas. *La succession du débiteur est vacante ou acceptée par un héritier suspect.*— Un débiteur décédait, ne laissant ni héritiers ni successeurs aux biens; en ce cas, l'intérêt des créanciers exigeait que l'envoi en possession

---

[1] 3, pr. et § 1, 10. D. *Quibus ex caus. in poss.*, 42, 4.

leur fût accordé, puisqu'il n'y avait pas de successeur contre lequel ils pussent exercer leurs droits [1].

Ulpien (8, D. *Quibus ex causis*, 42, 4) va même plus loin: il déclare que l'envoi en possession des biens du débiteur décédé peut être octroyé aux créanciers, s'il y a seulement doute sur l'existence d'un héritier.

Le préteur l'ordonnait encore lorsqu'il y avait acceptation de succession par un héritier suspect qui refusait de fournir caution aux créanciers [2]; enfin, lorsqu'il y avait discussion entre héritiers au sujet de l'acceptation ou de la répudiation de la succession [3]. Dans tous ces cas, l'envoi en possession avait lieu à titre provisoire.

§ 2. PERSONNES A QUI L'ENVOI EN POSSESSION ÉTAIT ACCORDÉ.

Tout créancier pouvait demander l'envoi en possession; mais, une fois demandé, il ne lui profitait pas exclusivement: il servait à la masse entière des créanciers. Et même si, à suite de sa demande, le premier créancier qui avait provoqué l'envoi en possession était désintéressé, il continuait à produire son effet et n'en subsistait pas moins pour les autres créanciers postérieurement intervenus. Comment avait lieu cette intervention? Il nous est difficile de le dire; ce que nous savons, c'est qu'il s'était élevé des difficultés à ce sujet qui ne furent définitivement tranchées que par Justinien. Il exigea de la part de l'intervenant une notification de titres aux créanciers envoyés en possession, avec offre de remboursement proportionnel aux frais exposés.

[1] Gaius, III, 78. — 1, C. *De bon. auct. jud.*, 7, 72.
[2] 31, § 3, D. *De reb. auct. jud.*, 42, 5.
[3] 8, 9, § 1, D. *Quib. ex causis in poss.*, 42, 4.

Les créanciers à terme ou conditionnels pouvaient-ils demander l'envoi en possession ? Ce point est controversé, deux textes du jurisconsulte Paul donnant des solutions opposées. L'un, frag. 11, § 2, D. *Quib. ex causis*, 42, 4, n'accorde l'envoi en possession qu'aux créanciers purs et simples ; l'autre, fragment 6, D. *Eod. tit.*, décide que tous les créanciers sans exception peuvent le demander. Les commentateurs ont proposé plusieurs systèmes ; nous nous contenterons de faire une distinction. Si le créancier conditionnel est seul, il ne peut le demander, car on ne sait si jamais il pourra poursuivre son débiteur. S'il est en concours avec d'autres créanciers purs et simples, il peut intervenir, sans toutefois recueillir le bénéfice de son intervention et poursuivre la vente (7, § 14, D. *Quib. ex causis*, 42, 4).

Il en est de même pour le créancier à terme.

§ 3. FORMALITÉS REQUISES POUR L'ENVOI EN POSSESSION.

L'envoi en possession portant atteinte aux droits des citoyens, il est certain que le pouvoir de l'accorder n'appartenait pas à tous les magistrats. Les magistrats supérieurs (qui avaient l'*imperium*) purent seuls l'autoriser : à Rome, les préteurs ; en Italie, les préfets des villes ; dans les provinces, les gouverneurs. Sous l'Empire, le préfet de la ville, du prétoire et l'empereur eurent ce droit avec les gouverneurs des provinces ; plus tard, sous les empereurs chrétiens, ce furent les *vicarii* et les *rectores provinciarum*.

Le magistrat qui avait eu connaissance de l'affaire donnant lieu à l'envoi en possession était celui auquel on devait s'adresser s'il s'agissait de *Confessio in jure* ou bien de faire respecter une sentence ; dans les autres cas, c'était le magistrat du domicile du débiteur qui était compétent (1, D. *De reb. auct. jud.*, 42-5).

Si tout ou partie des biens étaient situés hors la juridiction du magistrat auquel on s'adressait pour l'obtenir, il est probable que son envoi en possession recevait force exécutoire de la part des autres magistrats pour les biens situés dans leur juridiction [1], soit par une sorte d'ordonnance d'exéquatur, soit par une *rogatio* (15, § 1, D. *De re jud.*, 42, 1). Ajoutons que chacun d'eux pouvait déléguer ses pouvoirs à un autre magistrat inférieur et même à un simple particulier[2] (5, § 1, D. *De off. ej. cui mand.*, 1, 21).

On demandait l'envoi en possession par simple *postulatio* présentée au magistrat, lequel rendait un décret, soit après avoir approfondi l'affaire, lorsqu'il s'agissait par exemple des biens d'une pupille, d'un *de cujus* ; soit après avoir simplement constaté l'exactitude des faits énoncés, lorsqu'il était intervenu une sentence ou un aveu en justice.

A l'époque de Justinien, le décret paraît avoir toujours été rendu *cognitâ causâ* (2, C. *Ubi rem*, 3, 19-13, § 3. C. *De jud.*, 3-1. *Nov.* 53, ch. IV, § 1. *Nov* 69, ch. II et III).

---

[1] Un texte de Paul, 12, § 1, D. *Quib. ex causis*, émet cependant une opinion contraire.

[2] Walter (*Histoire de la procédure civile chez les Romains*) nous dit : Il fut permis aux gouverneurs de nommer des juges subalternes et permanents (5, C. *De jud. ped.*, 3, 3). Ce fut même dans ce but que Justinien et Zénon établirent à Constantinople des collèges de juges permanents. (Walter, pag. 71.)

§ 4. BIENS SUR LESQUELS L'ENVOI EN POSSESSION POUVAIT ÊTRE EXERCÉ.

Bonorum possessio spectatur, dit Cicéron (*Pro Quintio*, ch. XXIX), *non in aliquâ parte, sed in universis quæ teneri ac possideri possint.* L'envoi en possession *Rei servandæ causâ* ne pouvait donc être exercé que sur l'ensemble des biens du débiteur et non sur tel ou tel objet particulier [1].

Mais peu à peu il s'introduisit quelques exceptions. Ainsi, au cas d'*indefensio* à suite de revendication, on commença, comme nous le dit Ulpien (7, § 17, D. *Quibus ex causis*, 42, 4), par faire porter l'envoi en possession seulement sur l'objet revendiqué ; ensuite, au cas de pétition d'hérédité, malgré la *latitatio* du possesseur de l'hérédité, on envoya en possession seulement des biens héréditaires (7, §§ 18 et 10).

La vente en masse disparaissant sous Justinien et la condamnation en matière réelle pouvant porter sur l'objet même du litige, il en résulte qu'en matière personnelle l'envoi en possession fut limité à la quantité de biens nécessaires au paiement des créances (*Nov.* 53, ch. IV, § 1).

§ 5. EFFETS DE L'ENVOI EN POSSESSION.

La *Missio in possessionem rei servandæ causâ* doit être examinée, quant à ses effets, tant au point de vue des débiteurs qu'à celui des créanciers.

---

[1] L'esclave concubine du débiteur, les enfants issus du concubinat, les statues élevées en l'honneur du débiteur et lui appartenant, sont exclus de l'envoi en possession, 29, 38, D. *De reb. auct. jud.*, 42, 5.

A. Le débiteur conservait toujours la propriété et la possession de ses biens, mais il en perdait l'administration par une sorte de dessaisissement analogue aux effets de notre jugement déclaratif de faillite sur les biens du débiteur failli. Les créanciers les administraient, les détenaient, mais étaient tenus de restituer les fruits perçus ou de les imputer sur leurs créances[1] (7, D. *Quibus ex causis*, 42, 4). Puisqu'il était toujours propriétaire, le débiteur pouvait, après l'envoi en possession, faire des actes de disposition que, de leur côté, les créanciers pouvaient faire rescinder à l'aide de l'action Paulienne.

Quant à la personne du débiteur, son *existimatio* était affectée; sans être noté d'infamie, il était cependant exclu des magistratures municipales et ne pouvait plaider sans fournir la *Cautio judicatum solvi*[2]. (G., 4, 102).

B. Les créanciers, ainsi que nous l'avons dit plus haut, n'avaient sur les biens qu'un simple droit de rétention, droit garanti par l'interdit *Ne vis fiat ei qui in possessionem missus est*, s'appliquant à tout envoi en possession. Sur ces biens qu'ils détenaient, ils avaient un droit d'administration et de gage. Examinons d'abord les règles d'administration.

Après avoir fait l'inventaire des biens du débiteur, les créanciers avaient le choix entre deux modes d'administration : gérer eux-mêmes, ou bien désigner un curateur[3] dont la nomination devait être confirmée par

---

[1] Par exception à cette règle, le pupille *indefensus* avait droit à des aliments pris sur ses biens jusqu'à ce qu'il pût se défendre lui-même.

[2] C'est pourquoi Gaïus nous dit, 3, 220, qu'on avait donné une action d'injure à celui contre lequel on avait demandé et poursuivi à tort la *Missio in possessionem*.

[3] Une loi 14, *De reb. auct. jud.*, 42, 5, exige toujours la nomination d'un curateur lorsqu'il y a des actions à intenter.

le magistrat pour qu'il pût être considéré comme le mandataire de tous (2, 5, D. *De cur. bon. dand.*, 42, 7). Dans ces deux cas, les créanciers n'étaient responsables que de leur dol et de leur faute lourde. Le curateur nommé était responsable de sa mauvaise gestion envers les créanciers et, tout en agissant dans l'intérêt de ces derniers, représentait en même temps le débiteur.

Enfin, si l'importance et la situation des biens étaient telles que la nomination de plusieurs curateurs parût nécessaire, ils étaient tenus de leur gestion *in solidum*, à moins que leur administration n'ait été préalablement divisée [1]. Cette gestion se terminait toujours par une reddition de compte.

Passons maintenant au droit de gage.

Par suite de l'envoi en possession, les créanciers avaient sur les biens qu'ils détenaient un droit de gage dit *Pignus prætorium*, lequel n'existait qu'à suite d'une prise de possession effective [2] (26, D. *De pign. act.*, 13, 7). Ce droit de gage, qui portait sur la masse des biens du débiteur, existait en faveur de tous les créanciers sans exception envoyés en possession [3], et leur accordait un droit de suite et de préférence.

Ce droit de suite existait-il à la période formulaire? Comme nous ne trouvons pas de textes, c'est douteux; il paraît toutefois qu'il y avait controverse. Justinien

---

[1] Cassius dit qu'un curateur ne peut être tenu s'il a été nommé malgré lui et ne s'est pas immiscé dans les affaires du débiteur, 2, §§ 3 et 5, *De cur. bon. dand.*, 42, 7.

[2] Ne pas confondre le *Pignus prætorium* avec le *Pignus in causâ judicati captum*, dont nous nous occuperons, le premier portant sur une masse de biens, et le second sur des objets particuliers seulement.

[3] Sauf, bien entendu, les sûretés particulières qu'ils auraient pu avoir.

l'accorda même à ceux qui avaient perdu la possession par leur faute (2, C. *De præt. pign.*, 8, 22).

Quant au droit de préférence, il permettait à ceux qui étaient envoyés en possession de passer avant tous les créanciers postérieurs à l'envoi en possession, quelle que fût la cause de leur créance[1] (5, § 1, D. *Ut in poss. leg.*, 36, 1 — 2, C. *Qui poti. in pign.*, 8, 18).

§ 6. CESSATION DE L'ENVOI EN POSSESSION.

La mission *in possessionem*, étant une mesure essentiellement conservatoire, cessait, soit avec les droits des créanciers, soit lorsque ces mêmes droits n'avaient plus besoin d'être protégés. Ainsi, elle prenait fin : si l'on allait jusqu'à la vente, si le paiement intervenait, s'il y avait *indefensio*, ou bien si, au cas de décès sans héritier, les débiteurs ou l'héritier se présentaient en justice pour se défendre (G., § 4, 102 — 39, § 1, D. *De rebus auct. jud.*, 42, 5); si l'on fournissait la *Cautio judicatum solvi*[2] (Cicéron, *Pro. Quint.*, 8). Enfin le désistement des créanciers par suite de l'abandon partiel ou total de leurs créances, et plus tard le sursis de l'empereur[3] accordé au débiteur, y mettaient également fin (4, C. *De prec. imp. off.*, 1, 19).

Si l'envoi en possession avait été demandé sans droits, ou bien si les délais n'avaient pas été observés, le débi-

---

[1] Si ce n'est pour les dépenses faites en leur faveur.

[2] Étaient exceptionnellement dispensés de la *Cautio judicatum solvi* le pupille *indefensus* qui venait se défendre lui-même à sa sortie de tutelle. 5, § 2 et 3, D. *Quib. ex caus. in poss.*, 42, 4 (cette disposition ne s'appliquait qu'à lui), et le débiteur absent sans dol pour le service de la République (35, D. *De reb. auct. jud.*, 42, 5).

[3] Il faut reconnaître que le plus souvent le sursis était demandé pour empêcher l'envoi en possession.

teur pouvait en demander la nullité, au début par la procédure *per sponsionem*, plus tard par un *præjudicium* (Cicéron, *Pro Quintio*, 8—30, D. *De reb. auct. jud.*, 42, 5).

SECTION II.

DE LA VENTE DES BIENS.

L'envoi en possession était le premier acte de la procédure de la *venditio bonorum* dont la vente était le dernier, et le seul qui eût un véritable caractère d'exécution, puisqu'il avait pour but de permettre aux créanciers d'arriver à ce payement partiel ou total de leur créance, qu'ils n'avaient pu obtenir jusque-là.

Mais comme ce premier acte était souvent ordonné dans un seul but de protection à l'égard des créanciers, il nous faut d'abord citer les cas dans lesquels la vente n'était pas la conséquence de l'envoi en possession.

La vente ne suivait pas l'envoi en possession : au cas d'*indefensio* du pupille et tant qu'il était impubère, si la dette qui avait causé l'envoi en possession lui était personnelle (6, § 1, D. *Quib. ex caus. in poss.*, 42, 4) au cas d'absence du débiteur sans fraude[1] (21, § 2, D. *Quib. ex caus. maj.*, IV, 6), surtout lorsque son absence était due, soit à sa captivité, soit à une mission pour le service de la République (6, §§ 1 et 2, D. *Quib. ex caus. in poss.*, 42, 4).

Dans tous les autres cas, la vente pouvait être poursuivie par les créanciers.

Passons à l'étude des formes et des effets de la vente.

---

[1] Il faut cependant faire une distinction, car, malgré l'absence sans fraude, la vente est possible au cas d'exil du débiteur (13, D. *Quibus ex caus.*, 42, 4); mais en ce cas elle est le résultat d'un délit.

§ 1. FORMES DE LA VENTE.

L'envoi en possession, qui, suivant les cas, avait une durée plus ou moins longue, devait se prolonger au moins trente jours pour un débiteur vivant et quinze jours pour un décédé (G., 3, 79). Une fois ce délai expiré, les créanciers se présentaient devant le magistrat afin d'être autorisés à nommer un *magister* chargé de procéder à la vente [1]. Cette autorisation obtenue et le *magister* désigné par les créanciers, ce dernier faisait immédiatement apposer des affiches [2].

Après un certain délai employé à la rédaction par les créanciers des *Leges venditionis*, sorte de cahier des charges contenant probablement tous les renseignements de nature à éclairer les acheteurs (charges, conditions, prix de la vente), le préteur, à qui on devait les présenter,

---

[1] Certains auteurs ont confondu ce *magister* avec le *curator*, dont nous avons parlé à la *Missio in possessionem*, parce que Gaïus et Théophile (G., 3, 19; Théoph., paraphr. des *Inst. ed pr. de succ. sublat.*, 3, 12), ne parlent que du *magister*, et que dans les *Pandectes* nous trouvons toujours le mot de *curator* remplacer celui de *magister*. Mais c'est à tort; car si Gaïus et Théophile ne parlent que du *magister*, c'est qu'ils ne s'occupent de la *venditio bonorum* que comme mode de succession prétorien, et non de l'administration qui suit l'envoi en possession. De même, sous Justinien, la *Bonorum venditio* ayant disparu, il n'est pas étonnant que les *Pandectes* ne se servent que du mot *curator*, que nous verrons plus tard usité dans la *Distractio bonorum*.

[2] Gaïus et Théophile se contredisent d'après certains auteurs. Selon le premier, la *proscriptio* devait avoir lieu au moment de la *Missio in possessionem*, selon le second au moment de la vente. Nous croyons que cette contradiction n'est qu'apparente et qu'ils ont tous les deux raison, c'est-à-dire que des affiches étaient apposées au moment de l'envoi en possession pour avertir les créanciers, et au moment de la vente pour avertir les acheteurs.

ordonnait la vente, après un nouveau délai de trente jours pour les débiteurs vivants et de vingt jours pour les morts[1] (G., 3, 79).

Il est probable que la vente devait avoir lieu aux enchères, puisque la *Venditio bonorum* avait été créée par le préteur à l'instar de la *Sectio bonorum*; mais nous n'avons pas de texte en ce sens[2]. Enfin, tout le monde pouvait se porter adjudicataire, et l'*addictio* n'était prononcée qu'en faveur du plus offrant.

Le débiteur pouvait se présenter pour se défendre jusqu'à l'*addictio*[3]; mais, une fois prononcée par le *magister*, il n'avait la faculté que d'en poursuivre la nullité, s'il y avait eu des vices dans la procédure.

L'acheteur s'obligeait à payer aux créanciers un certain dividende[4], à moins que l'actif ne fût supérieur au passif. (7, § 11, D. *Quib. ex caus. in poss.*, 42, 4, -6. D. *De reb. auct. jud.*, XLII, 5).

§ 2. EFFETS DE LA VENTE.

Les biens acquis par le *Bonorum emptor* entraient dans son patrimoine *Jure successionis*[5]. En sa qualité de successeur prétorien, il n'acquérait que la propriété

---

[1] Il est possible que le point de départ du nouveau délai fût le jour où la *lex* était présentée au magistrat. Une fois cette *lex* établie et approuvée, les créanciers non intervenants étaient-ils forclos? C'est probable, quoique nous n'ayons aucun texte, car le public ne connaissait l'importance des charges que par elle.

[2] Quant au point de savoir si elle pouvait être faite à l'amiable par le magister, c'est douteux.

[3] En donnant, bien entendu, la *Cautio judicatum solvi*.

[4] Contrairement à ce qui avait lieu autrefois pour la *Sectio bonorum*; à la différence de ce qui se passe chez nous, c'était l'acheteur et non le juge qui distribuait le dividende.

[5] *Similiter et bonorum emptor ficto se herede agit.* (G., 4-3.)

bonitaire, et l'usucapion était nécessaire pour obtenir la quiritaire. Pour se mettre en possession des biens par lui acquis, l'adjudicataire avait un interdit *adipiscendæ possessionis*, appelé interdit *possessorium*, qui s'appliquait à l'universalité des biens achetés et lui servait, non pas à recouvrer la possession une fois perdue, mais à s'y faire mettre[1].

Il avait en outre, pour poursuivre les débiteurs, les actions Rutiliennes et Serviennes, ainsi que l'action Publicienne. Enfin, il n'était tenu à l'égard des créanciers que de ce qu'il avait promis de payer.

A l'égard du débiteur, la vente avait pour effet de le dépouiller complètement de tous ses biens et d'ouvrir en quelque sorte sa succession. Son entier patrimoine passait aux mains de l'acheteur, et, s'il y avait eu seulement payement de dividende, il était tenu du surplus sur les nouveaux biens acquis par lui[2] (3, C. *Bon. auct. jud.*, VII, 72). Au point de vue du droit public, il était noté d'infamie et perdait en sa qualité de *famosus* le *jus honorum*, et par suite le *jus suffragii*[3].

Telle était dans les lois romaines l'importance de cette déchéance, que dès les premiers temps de l'empire un sénatus-consulte dont nous parlerons, permit,

---

[1] Cet interdit était assimilé aux interdits *Quorum bonorum* et *sectorium* donnés, le premier au *Bonorum possessor*, le second au *Bonorum sector*. Gaius, 1, 144, 145.

[2] Ce principe est formel au cas de cession de biens, 1. C. *Qui bon. ced. poss.*, 7, 71. *Inst. Just. de Act.*, 4, 6, § 40. Gaius l'admet en notre espèce (G. 2, 155); mais le fragment 25, § 7, D. *Quæ in fraud. cred.*, 42, 8, n'accorde point une action contre le débiteur *ex ante gesto*. Nous croyons que l'on peut concilier ces textes en disant que ce fragment fait allusion à ce principe que les actions des créanciers subsistent, mais sont réduites à néant par le préteur tant que la situation du débiteur n'est pas modifiée.

[3] N'oublions pas que cet effet ne se produisait pas au cas de cession de biens.

suivant certaines formalités, aux personnes de rang sénatorial d'éviter l'infamie résultant de la vente de leurs biens.

Enfin, par rapport aux créanciers, la vente avait pour effet de transformer les actions qu'ils avaient contre le débiteur en action utiles contre le *Bonorum emptor*, afin d'obtenir payement de la somme promise [1]. En outre, l'on sait que dans le cas de payement de dividende ils conservaient leurs actions contre le débiteur si ce dernier acquérait des biens d'une certaine importance.

Quant aux créanciers privilégiés ou hypothécaires, ils étaient probablement payés de préférence aux autres. Mais les hypothèques étant occultes en droit Romain et la *Bonorum venditio* n'opérant par une purge, la situation du *Bonorum emptor* pouvait être désastreuse [2] après avoir acquis des biens grevés.

C'est ce grave inconvénient qui amena les jurisconsultes romains à choisir un mode plus pratique d'exécution sur les biens, c'est-à-dire la *Distractio bonorum*, que nous allons maintenant étudier.

---

[1] Si le *magister* chargé de la vente avait touché le prix de cette vente, ils avaient une action mandati contre lui. 22, § 10, D. *Mand.*, 17, 1.

[2] Nous pouvons toutefois conjecturer qu'afin de permettre aux acheteurs d'agir en connaissance de cause, les créanciers devaient, dans les *Leges venditionis*, déclarer quels étaient les droits pour lesquels le *Bonorum emptor* serait poursuivi.

CHAPITRE III.

Des voies d'exécution sur les biens dans le dernier état du droit, et surtout du Pignus in causâ judicati captum.

Justinien, au livre III titre 12 de ses *Institutes*, rapporte que la *Venditio bonorum* disparut avec le système formulaire. De son côté, Théophile attribue la disparition de la vente en masse à la cessation des *Conventus* ou assises qu'allaient tenir les gouverneurs dans les diverses parties de leur territoire.

M. Tambour[1], en présence de l'opinion émise par Théophile, se demande quel était le rapport qui existait entre la cessation des *Conventus* et la manière de vendre les biens d'un débiteur; après avoir cité l'opinion de Vinnius, qui déclare franchement ne pas l'apercevoir (*Quod judiciorum diversitas ad rem præsentem faciat non video*), il dit: «L'idée la plus vraisemblable est celle-ci : Quand le magistrat dut connaître le fond même des affaires et ne plus se borner à la délivrance des formules, il fut obligé de rester à sa résidence pour être à la disposition des plaideurs, et dut cesser ses tournées; or la procédure de la *Bonorum venditio* exigeait à plusieurs reprises l'intervention du magistrat; la suppression des *Conventus* enleva aux parties la facilité de profiter de sa présence pour remplir les formalités prescrites, d'où la nécessité de recourir à une procédure plus simple et qui rendit moins nécessaire la présence du magistrat. »

[1] *Voies d'exécution*, I, pag. 235.

L'auteur dont nous venons de transcrire un passage fait bien d'ajouter à la fin, comme correctif, que si cette explication lui semble plausible, il s'en faut qu'elle puisse suffire pour lever tous les doutes ; car, si Vinnius ne saisissait pas très bien le rapport qu'il y a entre la cessation des *Conventus* et la disparition de la *Venditio bonorum*, l'on ne saisit pas non moins bien l'explication qui en est donnée.

En effet, la procédure de la *Bonorum venditio* exigeait à trois reprises au moins l'intervention du magistrat; la suppression des *Conventus* aurait enlevé aux parties la possibilité de les accomplir : tel est l'argument. Eh bien ! pour nous, nous pensons que la suppression de ces assises, bien loin de nuire à la *Bonorum venditio*, ne pouvait que la rendre plus pratique. Qu'exigeait en effet la procédure extraordinaire qui suivit la suppression des *Conventus* ? La fixité de ces magistrats devenus juges. Ces derniers furent donc considérablement augmentés, puisqu'ils devaient connaître de toutes les affaires, et les citoyens les eurent sous la main, puisqu'il fut permis aux gouverneurs de province de nommer des juges subalternes (5, C. *De ped.*, 3, 3) et permanents partout où besoin était. Dès lors, il n'était pas absolument nécessaire de recourir à une procédure plus simple, et il semblerait au contraire plus logique de penser que ces *Conventus*, dont la durée ne pouvait qu'être limitée, devaient plutôt nuire qu'être d'une nécessité absolue pour l'existence de la *venditio*, rendue complétement impossible en leur absence.

N'étant pas dès lors satisfait par l'explication de Justinien, qui est trop vague, et non plus par celle de Théophile et de M. Tambour, qui en est déduite, nous avons encore à nous demander quelles furent les causes de la disparition de la vente en masse. Elle disparut, parce qu'elle présentait de graves inconvénients. En effet :

1° Le *Bonorum emptor*, en achetant une universalité de biens dont il lui était difficile d'établir l'actif et le passif, faisait une opération bien périlleuse.

2° Le débiteur, outre qu'il était frappé d'infamie, voyait la ruine s'abattre sur lui et les siens, ses entiers biens étant le plus souvent cédés à des conditions désavantageuses.

3° Enfin les créanciers ne touchaient le plus souvent qu'un dividende insignifiant, le patrimoine du débiteur étant vendu presque toujours à vil prix à cause des dangers qui en résultaient.

Tout cela n'était point de nature à faire subsister la *Venditio bonorum* ; aussi, à la disparition du système formulaire, fut-elle remplacée par la *Distractio bonorum*, qui existait déjà à titre d'exception au droit commun, ainsi que nous allons le voir.

PREMIÈRE SECTION.

DE LA DISTRACTIO BONORUM.

La *Distractio bonorum* ou vente en détail, qui, de mode exceptionnel de poursuite qu'elle était, devint, sous Dioclétien, la voie d'exécution ordinaire sur les biens, existait déjà depuis bien longtemps sous la période formulaire. On ne sait pas d'une façon bien précise à quelle époque de cette période elle prit naissance ; ce que l'on peut affirmer, c'est qu'elle existait avant le jurisconsulte Nératius, puisque ce dernier en parle dans la loi 9, D. *De cur. fur.*, 27, 10.

Quelle était sa portée et en quoi consistait-elle avant qu'elle vînt prendre dans le droit commun la place de la vente en masse? Ses cas d'application étaient fort restreints : elle ne pouvait avoir lieu, à ce qu'il paraît, qu'à l'égard des personnes de rang illustre, afin de leur épargner l'infamie, conséquence de la *venditio*[1]. Comme la vente en masse, elle était précédée d'un envoi en possession en tout point conforme à celui que nous avons étudié avec elle.

Ensuite, sans que la rédaction d'une *Lex bonorum vendendorum* fût nécessaire, le magistrat nommait un curateur, choisi ou non parmi les créanciers, lequel était chargé des opérations de la vente[2]. Ce curateur y procédait après les formalités usitées pour la vente en masse et avec les pouvoirs du *magister*, qu'il remplaçait. Enfin elle avait lieu aux enchères et en détail[3].

Ainsi que nous l'avons dit, son principal effet était d'éviter l'infamie au débiteur et probablement de lui permettre d'agir *Ex ante gesto* après désintéressement de tous les créanciers[4].

D'après le jurisconsulte Nératius dont la loi 9, D. *De cura fur.*, 27, 10 est tirée de ses œuvres, le bénéfice de la *Distractio bonorum* accordé aux personnes de rang illustre n'aurait été qu'une faculté laissée à l'appréciation des créanciers.

Gaïus, dans la loi 5 au même titre, ne parle point de

---

[1] 5, *De curat. fur.*, 27, 10.
[2] Voir Bonjean, *Traité des actions*, II, pag. 566. Il est possible, ainsi que nous le dit Ulpien, 2 pr. (*De cur. bon. dand.*, 42, 7), qu'il ne faisait que confirmer le choix des créanciers.
[3] Il est probable qu'elle pouvait aussi être faite à l'amiable.
[4] Accarias, II, pag. 902.

cette faculté qui, laissant aux créanciers le choix entre la *venditio* et la *distractio*, aurait probablement rendu illusoire une pareille faveur.

Que décider en ce cas ? On ne peut s'expliquer une pareille faculté, qui est inconciliable avec l'esprit du sénatus-consulte. C'est pourquoi nous pensons que Nératius fait allusion dans la loi 9 à d'autres personnes que l'on ne peut désigner, et auxquelles les dispositions du sénatus-consulte auraient été applicables, avec facilité pour les créanciers d'opter, au début de la poursuite, entre la *venditio* ou la *distractio*.

Telle était la *Distractio bonorum* sous la période formulaire, avant qu'elle remplaçât l'ancienne *Venditio bonorum*.

§ 1. Procédure de la distractio bonorum.

Lorsque les *Judicia extraordinaria* se substituèrent d'une façon complète à l'*Ordo judiciorum*, c'est-à-dire sous Dioclétien, il s'introduisit également une modification profonde dans les voies d'exécution sur les biens.

La vente des biens doit avoir lieu en détail : telle est la règle qui désormais domine les voies d'exécution de cette période et qui caractérise la *Distractio bonorum*, que nous allons rapidement examiner.

Avant Justinien, la *Distractio bonorum* était précédée d'un envoi en possession en tout point conforme à celui que nous avons étudié avec la *venditio*. Un curateur, et non point un *magister*, était chargé d'administrer et de procéder à la vente[1]. Comment était nommé ce cura-

---

[1] Il n'était pas nécessaire que la même personne qui avait administré fût chargée de la vente ; ce pouvait être deux personnes différentes.

teur ? Gaïus, 5, *De curat. fur.*, 27, 10, dit que les préteurs à Rome et les présidents dans les provinces étaient chargés de ce soin ; le plus souvent ils ne faisaient que confirmer le choix des créanciers. Le curateur administrait et vendait avec les formalités que nous connaissons, tirées de la *venditio.*

Sous Justinien, quelques modifications sont introduites. L'envoi en possession porte, non pas sur l'universalité des biens du débiteur, mais seulement sur la partie des biens de ce dernier nécessaires à l'acquittement des dettes [1].

Exceptionnellement, il s'exerce sur l'universalité des biens du débiteur, lorsque ce dernier est dans un tel état de déconfiture que tous ses biens réunis ne peuvent suffire à l'acquittement de son passif.

La nomination du curateur a lieu par le magistrat, sur la proposition des créanciers ; une constitution impériale accorde même ce droit de nomination aux créanciers, sans que le magistrat intervienne [2].

Entre l'envoi en possession et la vente, le délai, sous Justinien, est considérablement augmenté. La vente ne peut avoir lieu qu'au bout de deux ou quatre ans, afin de permettre aux créanciers retardataires de venir profiter, à peine de forclusion [3], de l'envoi en possession demandé par les plus diligents. Ce délai était de deux ans s'ils habitaient la province où avait lieu l'envoi en possession, et de quatre ans s'ils en habitaient une autre [4].

[1] 6, § 4, C. *De his qui ad Eccles. confer.*, 1, 12. Nov. 53, ch. IV.
[2] Il paraît que l'on pouvait même se dispenser de nommer un curateur.
[3] 10, pr. et § 1, C. *De reb. auct. jud.*, 7, 72.
[4] Il est probable que le magistrat pouvait autoriser la vente après un délai moins long.

La vente, une fois autorisée par le magistrat, avait lieu en détail, soit à l'amiable, soit aux enchères, des affiches ayant été préalablement posées. Les créanciers avaient le droit, au cas où il ne se présentait pas d'acquéreurs, de se diviser les biens entre eux[1].

Afin d'assurer à la vente de sérieuses garanties, de nombreuses précautions étaient prises. Ainsi, celui qui dirigeait la vente devait jurer sur l'Évangile l'avoir faite au prix le plus élevé qu'il lui avait été possible de trouver. La déclaration du produit de la vente avait lieu devant le défenseur de la cité et était enregistrée en présence du notaire et du trésorier de la ville[2].

Si après payement des créanciers il restait un reliquat, on le déposait dans l'église du lieu ; acte de ce dépôt, ainsi que de l'attestation de celui qui avait fait la vente, était dressé par un notaire. Cet excédent servait à désintéresser les créanciers qui se présenteraient plus tard, et finalement était restitué au débiteur s'il n'y en avait plus[3].

Enfin, des constitutions impériales permirent aux débiteurs d'obtenir un sursis lorsqu'ils pouvaient établir qu'au bout de cinq ans ils seraient en mesure de se libérer complétement. En ce cas, ils avaient une *Exceptio moratoria* pour répondre à la poursuite des créanciers avant ce délai.

§ 2. EFFETS DE LA DISTRACTIO BONORUM.

Le débiteur, s'il n'encourait point l'infamie, comme dans la *venditio*, était néanmoins atteint dans son *existi-*

---

[1] Bona... à creditoribus possideantur vel distrahantur, vel inter eos dividantur. *Inst. de hered. qualit.*, 2, 19, § 1. *Inst. pro. de succ. subl.*, 3, 2. — 8, C. *Qui bon. ced. poss.*

[2-3] 10, § 1, *loc. cit.*

matio. Justinien ne laisse point de doute à cet égard, car dans une de ses constitutions il applique ces mots aux seuls débiteurs qui ont fait cession de biens : « *Salva eorum existimatione et omni corporali cruciatu semoto* ». 8, C. *Qui bon. ced. poss.*, 7, 71. Le débiteur pouvait plaider, remplir les fonctions municipales ; mais, comme conséquence de la perte de son crédit, la société dont il faisait partie était dissoute. Comme dans la vente en masse, il n'était libéré que des dettes ou partie des dettes éteintes par le prix de la vente, et il pouvait être poursuivi pour le surplus.

Pouvait-il agir *Ex ante gesto* ? Il faut distinguer : Si la vente avait eu lieu à suite de déconfiture complète, en ce cas il n'avait aucune action pour faits antérieurs, car pendant la *missio* l'exercice des actions appartenait au curateur, et après il s'en trouvait dépouillé par l'effet de l'envoi en possession, qui attribuait aux créanciers tous les droits de leurs débiteurs[1]. Si au contraire il n'y avait pas eu envoi en possession complet et si la vente n'avait porté que sur partie des biens du débiteur, suffisants pour désintéresser les créanciers, il conservait toutes ses actions. Cela nous paraît résulter d'une constitution rapportée par Papirius Justus, dans laquelle le mot *fraudator* implique nécessairement une déconfiture complète[2].

L'acheteur, n'étant plus considéré comme un succes-

---

[1] Cet effet n'avait point lieu, comme pour la *venditio*, par le transfert de la personnalité juridique du débiteur sur la tête de l'*emptor* à suite de l'ouverture d'une véritable succession, mais par suite de l'envoi en possession, dans lequel tous les droits qui compétaient au débiteur avaient été compris.

[2] *Bonis per curatorum ex senatus consulto-distractis, nullam actionem ex ante gesto fraudatori competere* (4, D. *De cur. bon. dand.*, 42. 7).

seur aux biens du débiteur, devenait propriétaire *Ex jure quiritium*, si ce dernier l'était. Acheteur à titre particulier, il devait le prix de la vente sans répondre en aucune façon des obligations du débiteur, lequel, sauf le cas de fraude de la part des créanciers, lui devait garantie en cas d'éviction.

Enfin les créanciers, outre les avantages qu'ils retiraient d'une vente en détail, avaient un droit de poursuite contre le débiteur s'ils n'étaient pas intégralement désintéressés par la vente. Quant aux créanciers hypothécaires, la vente ne changeait pas la situation, car (à moins que le créancier premier en rang ne poursuivît) on ne pouvait y procéder sans les satisfaire.

Une fois les créanciers hypothécaires désintéressés, l'excédent était distribué, par les soins des curateurs, aux chirographaires, et le reliquat, déposé au trésor de l'église après les formalités voulues, restait pendant quatre ans à la disposition des créanciers retardataires ; après quoi il était remis au débiteur.

La *Distractio bonorum*, si on la compare à la *Venditio*, offrait certainement quelques avantages : elle avait des conséquences moins funestes pour le débiteur, et présentait plus de garantie aux créanciers et acheteurs. Mais ses formalités étaient encore assez longues et compliquées, ce qui en détournait les créanciers de sommes assez peu importantes. Aussi n'était-elle pratiquée qu'aux cas d'*indefensio* et d'insolvabilité. Dans tous les autres, elle va faire place à un autre mode plus pratique, qui est le point le plus important de notre étude, c'est-à-dire au *Pignus in causâ judicati captum*.

SECTION II.

DU PIGNUS IN CAUSA JUDICATI CAPTUM [1].

Il est facile de comprendre combien était peu pratique pour les créanciers la longue et coûteuse procédure de la *Venditio bonorum*, lorsqu'il s'agissait pour eux, soit de vaincre la résistance d'un débiteur solvable qui refusait le payement, soit du recouvrement de sommes parfois peu importantes. C'est pourquoi le besoin se faisait sentir d'une voie d'exécution plus simple, plus rapide, permettant à un créancier de poursuivre son débiteur sur quelques biens isolés, sans que cette poursuite profitât à d'autres; et finalement, au cas de résistance extrême, de faire vendre à son profit ces mêmes objets. C'est alors qu'apparut le *Pignus in causâ judicati captum*, qui est, comme son nom l'indique, une prise de gage ordonnée par le magistrat sur les biens du débiteur.

A quelle époque précise parut cette voie d'exécution? Un rescrit d'Antonin le Pieux, rapporté par Callistrate dans la loi 31, *De re judicatâ* (42, 1), est le premier monument juridique que nous avons sur le *Pignus in causâ judicati captum*: c'est pourquoi on en a conclu qu'il avait pris naissance sous le règne de ce prince. Mais c'est peu probable, car il est bien difficile d'admettre que jusqu'au règne d'Antonin le Pieux la saisie en masse fut le seul moyen d'exécution donné aux créanciers pour obtenir payement. M. Tambour (1, pag. 376), en présence le l'opinion générale, qu'il désapprouve, nous dit: « J'y suis porté, d'abord par la forme des décisions impériales à ce sujet. Si la *Pignoris capio* avait été imaginée par Antonin, ce

---

[1] Ou de la *Pignoris capio ex causâ judicati*.

serait une constitution générale, un édit qui l'aurait établie et non pas une constitution adressée à un gouverneur de province ». Cet argument n'a pas grande valeur, car Gaïus (1, § 5) nous dit : Pourvu que l'empereur ait désiré que ses constitutions fussent obligatoires pour tous, elles avaient force de loi, quelle que soit leur forme. C'est avec raison que Tambour ajoute plus loin : « Est-il vraiment admissible que depuis l'introduction de l'exécution sur les biens, qui remonte au plus tard à la première moitié du VIIe siècle de Rome, jusqu'à Antonin, c'est-à-dire jusqu'à la fin du IXe ou au commencement du Xe siècle, est-il admissible que pendant près de 300 ans la pratique ait pu se contenter de l'envoi en possession et de la vente du patrimoine ? et cela surtout est-il croyable quand incontestablement les magistrats romains avaient le droit de saisir des gages pour l'exécution de leurs ordres; quand une fois reçue l'idée de l'exécution sur les biens, est-il vraisemblable que le préteur, qui recourait à la prise des gages pour l'exécution de ses ordres, et qui d'ailleurs avait assez de puissance pour vendre tous les biens du débiteur, n'ait pas songé à l'appliquer à l'exécution des sentences qu'il prononçait, ou même de celles qui émanaient de juges nommés par lui ? »

L'empereur Antonin, lorsqu'il envoyait son rescrit à ce gouverneur de province, n'innovait pas, il semblait se référer à un usage depuis longtemps admis pour le réglementer [1]. C'est donc au préteur que revient l'honneur

---

[1] Nous n'admettons pas l'opinion de M. Bonjean (*Traité des Actions*, II, § 402), qui considère l'introduction du *Pignus in causâ judicati captum* comme une extension d'un moyen d'exécution réservé au fisc, dont Antonin eût généralisé le procédé contre les débiteurs de créances privées.

d'avoir introduit ce moyen d'exécution qu'un texte qualifie de *remède prétorien* (1, § 3, D. *De imp. vent.*, 25, 4). Le *Pignus in causâ judicati captum* avait de trop grandes ressemblances avec la *Pignoris capio*, notre vieille institution du droit public et religieux, pour qu'elle n'ait pas servi de modèle au préteur. Ce dernier, s'inspirant des principes de cette ancienne voie de contrainte, substituant la volonté du magistrat à celle des parties, créa un moyen de poursuite, à l'encontre des débiteurs, qui finit par devenir le principal mode d'exécution des jugements [1].

Passons donc à l'étude du *Pignus in causâ judicati captum*, que nous diviserons ainsi en quatre paragraphes:

1° Cas dans lesquels il avait lieu, ses délais et ses formes;

2° Biens sur lesquels il portait;

3° Incidents qui pouvaient survenir;

4° Effets.

§ 1er. CAS DANS LESQUELS AVAIT LIEU LE PIGNUS IN CAUSA JUDICATI CAPTUM, SES DÉLAIS ET SES FORMES.

Ainsi que nous l'avons dit, le *Pignus in causâ judicati captum* était une prise de gage ordonnée par le magistrat sur les biens du débiteur. Aux termes de la loi 31, D. *De re judicatâ*, 42, 1, toute personne ne pouvait *de plano* s'en servir, un simple ordre du magistrat n'était même pas suffisant; il fallait que cet ordre intervînt à

---

[1] A l'appui de cette idée que notre voie d'exécution fut connue de bonne heure par le droit prétorien, on peut encore dire que dans les textes qui nous sont parvenus traitant de la vente en masse, ce dernier moyen est principalement employé au cas d'*indefensio* ou d'insolvabilité du débiteur. C'est donc que pour tous les autres cas il y avait une autre voie.

suite d'une condamnation judiciaire ou bien d'un aveu en justice[1].

Ceci posé, quels étaient les délais? On sait que sous le régime de la loi des XII Tables, le débiteur *judicatus* ou *confessus* avait trente jours avant toute exécution, afin de pouvoir arriver au payement de sa dette pendant ce délai ; Que plus tard, par l'édit du préteur, on ne sait exactement à quelle époque ce délai fut porté à deux mois (Gaius, III, 78,—3, § 1, C. *De usur. rei. jud.*, 7, 54); Qu'enfin sous Justinien il fut augmenté de deux mois[2]. Ce n'était donc qu'au bout de quatre mois, laps de temps assez considérable, que tout créancier pouvait agir par la *Pignoris capio ex causâ judicati*. Ajoutons que le magistrat ou le prince pouvaient, suivant les circonstances et toujours sous caution, augmenter ce délai ; ils avaient aussi la faculté de le diminuer (3, C. *De prec. imp.*, 1, 19-31, D. *De re jud.*, 42, 1).

Dans quel délai le créancier devait-il exercer son action? Aucun texte formel ne répond à cette question. Nous savons toutefois que l'action *judicati* était perpétuelle. On peut dès lors en conclure que le créancier pouvait exercer la *Pignoris capio ex causâ judicati* quand bon lui semblait, et sans limitation aucune. Enfin, comme à partir de Théodose la prescription de trente ans fut introduite, on conjecture que pendant trente ans le créancier conservait son droit d'action. Passé ce délai, cette voie d'exécution ne pouvait être valablement utilisée.

---

[1] Les Romains ne connaissaient pas, ceci nous le prouve, ce que nous appelons les titres exécutoires, au moins à notre période.

[2] Ce délai commençait à courir du jour de la sentence, ou de celui du jugement confirmatif s'il y avait eu appel (2, C. *De usur. rei. jud.*, 7, 51).

[3] Sous Justinien, pendant les délais pour faire inventaire et neuf jours

A la différence de l'ancienne *Pignoris capio*, qui était exercée de l'autorité privée du créancier et sans le concours du magistrat, le *Pignus in causâ judicati captum* ne pouvait être ordonné que par le magistrat ayant le pouvoir exécutif[1]. Quel magistrat était compétent? Le magistrat qui avait connu de l'affaire[2].

Les objets ou les biens susceptibles de saisie étaient situés dans diverses provinces, ou bien se trouvaient dans une province autre que celle placée sous la juridiction du magistrat qui avait rendu la sentence? En ce cas, Ulpien nous dit : « *Sententiam Romæ dictam etiam in provinciis posse, præsides, si hoc jussi fuerint, ad finem persequi, imperator noster cum patre rescripsit*». Donc une sentence émanée d'un magistrat pouvait être exécutée par un autre; peu importait alors la situation des biens. Mais quelle était la nature de ce que nous appellerions aujourd'hui une Commission rogatoire; était-ce un ordre ou une simple délégation? Il est bien difficile de se prononcer, car d'un côté Ulpien nous dit : *Si hoc jussi fuerint*; et d'un autre côté, comme les préteurs n'avaient aucune autorité sur les gouverneurs de province, ne faut-il pas penser que, malgré Ulpien, il s'agis-

---

après la mort d'une personne, toutes les poursuites étaient suspendues, 27, § 11, C. *De jus delib.*, 28, 8. Nov. 115, ch. V, § 1.

[1] A Rome ce fut le préteur; à côté, le préfet de la ville ; en Italie, les magistrats municipaux ; dans les provinces, les gouverneurs. Plus tard nous voyons apparaître immédiatement après l'empereur le préfet du prétoire. Enfin, sous les empereurs chrétiens, à Constantinople comme à Rome, le magistrat par excellence est le préfet de la ville, dans les provinces le *Rector provinciæ*. Les magistrats municipaux sont remplacés par les *Defensores civitatum*.

[2] *A divo pio rescriptum est magistratus populi Romani ut judicum a se datorum vel arbitrorum sententiam exsequantur, hi qui eos dederunt* (15, pr.; D. *De re jud.*, 42; 1).

sait plutôt d'une prière que d'un ordre ? Nous préférons adopter la première solution, qui a en sa faveur un texte formel, plutôt que la seconde, qui ne repose que sur de simples suppositions.

L'exécution était des plus simples. Une fois les délais expirés, le créancier s'adressait au magistrat, lequel donnait immédiatement l'ordre à un ou plusieurs de ses agents, appelés *apparitores*, *officiales*, de saisir une certaine quantité de biens appartenant au débiteur [1]. Ces auxiliaires ou agents du magistrat ne pouvaient agir que sur l'ordre de ce dernier, sous peine d'être sévèrement punis [2].

De quelle façon procédaient-ils ? Ils devaient probablement s'emparer des objets, ou bien les décrire et les placer sous la main de justice, s'ils ne le pouvaient (Paul, *Sent.*, V, 12). Quant aux créances, les textes n'en parlent pas. D'après M. Tambour, ils saisissaient le titre et notifiaient la saisie au débiteur de la créance, afin qu'il ne payât pas entre les mains de son créancier [3].

§ 2. BIENS SUR LESQUELS POUVAIT PORTER LE PIGNUS IN CAUSA JUDICATI CAPTUM.

Tous les biens meubles et immeubles sans exception pouvaient faire l'objet de notre saisie. Mais y avait-il un

---

[1] Il est probable qu'en demandant l'autorisation de saisir, le créancier devait indiquer au magistrat les objets appartenant au débiteur qui pouvaient être saisis et suffire au payement de la dette. 31, D. *De re jud.*, 42, 1. — 1, C. *Si in caus. jud.*, 8, 23.

[2] Quoties sine auctoritate judicati officiales alicujus bona occupant vel describunt, rei sub observatione esse faciunt adito procuratore injuria movetur et rei hujus auctores ad præfectum prætorio puniendi mittantur (Paul, *Sent.*, V, 12, § 6).

[3] Et ce, par analogie avec ce qui est dit pour le gage conventionnel sur une créance dans la Const. 4, *Quæ res pign. obl. poss.*, 8, 17.

ordre à suivre, ou pouvait-on saisir indistinctement ? Ulpien nous apprend qu'on devait saisir d'abord les meubles, ensuite les immeubles, enfin en dernier lieu les créances [1].

M. Tambour (*Voies d'exécut.*, 1, 380) fait remarquer dans une note que, le texte d'Ulpien portant : *Primo quidem res mobiles animales*, il semblerait qu'on devait commencer par les esclaves et les animaux, pour en venir ensuite aux meubles inanimés. Mais selon lui, conformément au texte des *Basiliques*, il faudrait entendre ces mots comme s'il y avait *res mobiles et animales*, rien ne justifiant cette nouvelle classe de meubles, sur laquelle le jurisconsulte est complètement muet. Il ajoute que cependant Donneau, sur la loi 15, § 2, *De re judicatâ*, adopte l'opinion contraire, en se basant sur ce qu'à raison de leur nourriture, les animaux sont plus difficiles à conserver. L'opinion de M. Tambour nous paraît la plus admissible, en présence des *Basiliques* et du silence des textes sur cette nouvelle classe de meubles. Donc tous les meubles pouvaient être saisis indistinctement.

Par suite, l'argent qu'un débiteur avait chez lui ou qui était en dépôt chez un banquier, ainsi que les sommes qui lui étaient dues, et même les récompenses décernées aux vainqueurs du cirque, qui ne pouvaient faire l'objet

---

[1] In venditione itaque pignorum captorum facienda, primo quidem *res mobiles animales* pignori capi jubent, mox distrahi ; quarum pretium si sufficerit, bene est ; si non sufficerit, etiam soli pignora capi jubent et distrahi ; quod si nulla moventia sint, à pignoribus soli initium faciunt. Sic denique interloqui solent, *si moventia non sint ut soli quoque capiantur ;* nam à pignoribus soli initium faciendum non est ; quod si nec, quæ soli sunt, sufficiant, vel nulla sint soli pignora, tunc perveniectur etiam ad jura ; exsequuntur itaque rem judicatam præsides isto modo (15, § 2, *De re judic.*).

d'un gage conventionnel, étaient cependant susceptibles d'être saisies (15, §§ 11 et 12—40, D. *De re judicatâ*).

Si les meubles ne suffisaient point, on saisissait les immeubles. On pouvait même saisir les immeubles d'un mineur, car, le *Pignus in causâ judicati captum* n'étant en réalité qu'une vente faite sous le contrôle du magistrat, on ne violait point la loi, qui ne permettait l'aliénation des immeubles d'un mineur que sur décret d'un magistrat [1].

Enfin on saisissait en dernier lieu les créances. Ce fut longtemps discuté; mais du jour où elles furent susceptibles d'être données en gage, il était logique d'admettre que le *Pignus in causâ judicati captum* pût porter sur elles. D'après Ulpien, cette décision aurait été consacrée par un rescrit impérial [2] d'Antonin, bien que nous trouvions dans les textes des décisions antérieures qui l'autorisaient. Ainsi, nous trouvons au Code : *Etiam nomen debitoris in causâ judicati capi posse ignotum non est* (5, C. *De execut. rei., jud.*, 7, 53). Antonin Caracalla ordonna de les saisir, au cas où des contestations s'élèveraient sur les biens corporels (2, C. *Quando fisc. vel priv.*, 4, 15). Notons qu'on ne pouvait saisir que les créances qui n'étaient sujettes à aucune contestation.

Nous renvoyons au paragraphe des Incidents l'étude de la saisie de celles qui étaient litigieuses.

Si, en principe, la *Pignoris capio ex causâ judicati* pou-

---

[1] On avait douté de cela parce que le décret du magistrat permettant l'aliénation des biens de mineur n'était rendu qu'après vérification, faite dans le seul intérêt de ce dernier, ce qui n'avait pas lieu au cas de saisie (3, § 1, D. *De reb. eorum qui sub tutelâ*, 27, 9).

[2] Si quoque judices exsequentur judicatum, ut nomina jure pignoris capiant, si nihil aliud sit quo capi possit ; posse enim nomen jure pignoris capi, imperator noster rescripsit (15, § 3, *De re judicatâ*).

vait porter sur tous les biens d'un débiteur, il était cependant des cas où le droit Romain n'admettait point, soit d'une façon absolue, soit d'une façon relative, l'exercice de la saisie. Ces cas, du reste peu nombreux, n'étaient admis que dans l'intérêt de l'État. Ainsi, d'une façon absolue, étaient insaisissables les instruments servant à une exploitation agricole, ainsique les esclaves et les animaux y attachés, sans la saisie du fonds lui-même, et ce, dans l'intérêt de l'agriculture et surtout du fisc (7, C. *Quæ res pign.*, 8, 17). Honorius et Théodose défendirent même d'une façon générale de saisir : *Quidquid ad culturam agi pertinet* (8, C. *Eod. tit.*).

D'une façon relative, Sévère et Antonin ne permirent de saisir la solde des militaires qu'à défaut de tout autre bien (4, C. *De exec. rei jud.*, 7, 53). Il en était de même pour les immeubles des prêtres (Nov., 120, ch. VI).

Ce sont là, croyons-nous, les seules exceptions mentionnées par les textes [1].

§ 3. Incidents qui pouvaient survenir.

Au cours de la saisie, des difficultés pouvaient s'élever, soit de la part du saisi lui-même, soit de la part de tiers. En principe, le saisi n'avait aucune voie légale pour s'opposer à l'exécution [2], à moins qu'il n'y eût excès dans l'exécution et irrégularité de formes.

Si les *officiales* avaient pratiqué la saisie en dehors des

---

[1] La législation romaine n'admettait pas, nous le voyons, comme les législations modernes, de nombreux cas d'insaisissabilité résultant d'un intérêt public ou humanitaire. La faveur accordée à l'agriculture n'était fondée que sur un intérêt gouvernemental : la rentrée de l'impôt.

[2] Ab executione apellari non posse satis et jure et constitutionibus cautum est (5, C. *Quorum appel. non recip.*, 7, 65).

règles prescrites, cette dernière était annulée et les agents punis [1] (Paul., *Sent.*, I, V, titre 12, 6. — 58, D. *De re judicata*).

Si la saisie était excessive, le débiteur pouvait se pourvoir contre l'exécution devant l'autorité compétente ; en ce cas, la saisie était arrêtée jusqu'à ce que la sentence d'appel eût été rendue. Les meubles étaient mis sous séquestre; quant aux immeubles, le débiteur continuait à les posséder. Si ce dernier succombait, il était condamné à l'amende pour avoir, par son fait et sans juste cause, apporté un retard à la saisie.

Les tiers, de leur côté, pouvaient s'opposer à la saisie dans deux cas : lorsqu'ils se prétendaient propriétaires ou créanciers hypothécaires des biens saisis. Étudions ces deux cas.

1° *Un tiers se prétendait propriétaire de l'objet saisi.* — Ulpien dit dans le § 4 de la loi 15 (D. *De re judicata*) [2] qu'en ce cas il fallait laisser de côté les biens sur lesquels s'était élevée la contestation et faire porter la saisie sur les autres; mais si le tiers invoquait son droit de pro-

---

[1] Il se pourvoyait en ce cas devant le magistrat qui avait ordonné la saisie.

[2] Si rerum, quæ pignoris jure captæ sunt, controversia fiat, constitutum est ab imperatore nostro, ipsos, *qui rem judicatam exsequuntur*, cognoscere debere de proprietate; et *si cognoverint ejus fuisse, qui condemnatus est, rem judicatam exsequuntur*. Sed sciendum est, summatim eos cognoscere debere; nec sententiam eorum posse debitori præjudicare, si forte hi dimittendam eam rem putaverint, quasi ejus sit, qui controversiam movit, non ejus, cujus nomine capta est ; nec eum, *cui restituta est*, statim habere per sententiam debere ; si forte jure ordinario coeperit ab eo res peti ; sic eveniet, *ut omnibus integris tantum capioni res judicata proficiat*. Sed illud debet dici, ubi controversia est de pignore, id dimitti debere, et capi aliud, si quod est sive controversia (15, § 4, D. *De re judicata*).

priété sur tous, ou bien s'il n'en restait pas pour saisir, on devait dans ce cas s'arrêter et examiner le bien fondé des prétentions de ce tiers. Après examen sommaire, s'il était décidé que l'objet appartenait au débiteur et non au revendiquant, la saisie suivait son cours; si le contraire avait lieu, l'objet litigieux était distrait de la saisie. Telle est, croyons-nous, à grands traits, la solution d'Ulpien en cette matière.

En parlant de celui qui devait trancher le différend, Ulpien se contente de dire : *Qui rem judicatam exsequuntur.* Que faut-il entendre par ces mots ? Étaient-ce les magistrats ou les *officiales* qui étaient chargés de prononcer sommairement sur l'incident ? M. Tambour (I, p. 384, note 1), n'admettant pas l'opinion de Denys Godefroy en cette matière, pense que le juge de l'incident était le magistrat, parfaitement désigné selon lui par le mot *judex* employé aux §§ 6 et 9 de la même loi. Que du reste ce n'était qu'exceptionnellement et dans les cas urgents, comme dans la loi 82, D. *De judiciis,* § 1, que les agents du magistrat avaient le droit de statuer sur les contestations.

Malgré l'autorité de l'auteur que nous venons de citer, nous croyons que les agents chargés de l'exécution étaient juges de l'incident. En effet, les arguments invoqués par M. Tambour ne sont pas prenants. D'abord le mot *judex* employé aux §§ 5 et 6 de la loi 15 peut être pris dans le *sens de ceux qui sont chargés de juger la contestation* ; ensuite l'argument tiré de la loi 82 se retourne contre lui. D'après cette loi, les *viatores* ne recevaient le droit de statuer sur les contestations que dans les cas urgents ; mais c'est précisément le nôtre ! Qu'y avait-il en effet de plus urgent qu'une exécution subitement arrêtée par les prétentions de tierces personnes ? et pourquoi forcer les parties à revenir devant le magistrat lorsque l'on avait avec soi des délégués de ce même magistrat tout naturellement désignés pour vider ces contestations, que les textes nous représentent comme devant être jugées sommairement, sans donner lieu à des débats trop approfondis, afin de ne pas retarder trop longtemps l'exécution ? Du reste, à l'appui de notre opinion, nous avons ces mots du § 15 de notre texte : « *Si cognoverint ejus fuisse qui condemnatus est, rem judicatam exsequentur* », qui paraissent supposer que les *executores* étaient les juges de l'incident.

On s'est encore demandé quelle était la force de la sentence intervenue à suite de la contestation : avait-elle l'autorité de la chose jugée ? La sentence n'avait de force que relativement à l'incident soulevé, la question pouvait toujours être débattue de nouveau devant la juridiction ordinaire, et l'autorité de la chose jugée n'existait qu'entre le tiers et le créancier, non à l'égard du débiteur. La prétention du tiers déclarée inadmissible, l'objet litigieux était donc vendu, sauf au revendiquant à se pourvoir de nouveau devant qui de droit, afin de faire reconnaître par le débiteur sa qualité de propriétaire de l'objet en cause, pour s'en faire octroyer la valeur [1].

Mais le tiers, au lieu de succomber, obtenait gain de cause. Que se passait-il et que devenait l'objet litigieux ?

---

[1] Le jugement n'ayant d'effet que quant à la saisie, le tiers qui a succombé ne pourra revendiquer contre l'adjudicataire. Nous ne pouvons donc que repousser l'opinion de Doneau, qui admet cette revendication en traduisant *capioni* par *usucapioni*. Notre solution est du reste plus logique, car la vente s'effectuerait probablement en ce cas dans de mauvaises conditions. *Sic* Tambour, pag. 387.

Ulpien, dans la loi 15, semble se contredire : il nous dit en effet, sur cette question, si nous traduisons littéralement, que le revendiquant deviendra possesseur de la chose qui *lui a été restituée* par la sentence, dans le cas où un procès en revendication viendrait à être postérieurement engagé à propos du même objet. *Nec enim cui restituta est statim habere per sententiam debere, si forte ab eo cœperit jure ordinario res peti.* Or, à la phrase suivante, Ulpien continue : *Sic evenit ut omnibus integris,* c'est-à-dire que le jugement sur l'incident laisserait les choses entières, ce qui est en contradiction formelle avec la phrase du début.

M. Tambour, se basant sur le texte des *Basiliques* et sur les conséquences fatales qu'entraînerait pour le débiteur, forcé de devenir défendeur, le dessaisissement de l'objet en question, admet qu'aucun changement n'aura lieu dans la possession, toutes les choses restant en l'état. Nous pensons au contraire que la contradiction n'est qu'apparente et que le revendiquant, ainsi que ledit Ulpien, recevait l'objet après la sentence des délégués du magistrat. Si, à la phrase suivante, ce jurisconsulte a ajouté *ut omnibus integris*, il a voulu dire que la sentence, à suite d'incident, *laissait intacts les droits* des parties, mais rien que les droits, de telle sorte que le débiteur pouvait *jure ordinario* revendiquer contre le tiers. Cela est du reste conforme à ce que nous avons admis plus haut, que l'autorité de la chose jugée n'existait qu'à l'état du tiers et du créancier et non à l'égard du tiers et du débiteur. Ulpien, du reste, n'aurait pu dire que rien n'était changé dans la situation des parties, puisque deux lignes avant il venait de dire que la chose était restituée au revendiquant.

Un tiers prétendait avoir un droit d'hypothèque sur l'objet saisi : En ce cas, nous dit Ulpien au § 5 de la même loi, si la prétention du tiers est justifiée, il n'y a nulle entrave : la saisie suivra son cours; mais, comme ce créancier hypothécaire doit être payé par préférence sur le prix de la vente, cette dernière n'aura lieu que tout autant qu'il y aura un acheteur qui offrira un prix suffisant pour le payer, avec un surplus pour le saisissant. Par cet expédient, le droit du créancier était sauvegardé, puisque la vente ne pouvait avoir lieu sans qu'il fût désintéressé[1].

Enfin, au cas de saisie d'une créance, des incidents pouvaient naître : ainsi, la créance était contestée; qu'arrivait-il en ce cas? La créance litigieuse ne pouvait être comprise dans la saisie ; c'est ce que nous dit Ulpien dans la loi 9 au même titre. Ici, nous constatons une complète différence avec ce que nous venons de voir pour les objets corporels sur la contestation desquels intervenait sommairement une décision des *officiales*. Pourquoi cette dissemblance ? Elle résulte, dit-on, de la nature des objets. Un objet corporel peut être facilement vendu, tandis que la vente d'une créance litigieuse ne peut rien produire. En outre, comme il est certain que celui qui nie la dette refusera de payer, et qu'une autre voie d'exécution sera nécessaire après avoir prouvé l'existence de la créance, les jurisconsultes romains avaient pensé que

---

[1] Il y a ici une différence avec ce qui se pratiquait habituellement lorsqu'un créancier hypothécaire conventionnel, n'ayant pas le premier rang, voulait poursuivre la vente du bien grevé. Comme en droit Romain le premier créancier hypothécaire avait seul le droit de poursuivre la vente, les autres devaient préalablement le désintéresser en usant du *Jus offerenda pecuniæ*.

pour éviter pratiquement toutes ces complications il valait mieux écarter de la saisie la créance contestée.

Quant au créancier, il n'était pas réduit à l'impuissance si son débiteur ne possédait que des créances litigieuses; la voie de l'envoi en possession lui était en ce cas ouverte, laquelle lui permettait d'exercer toutes les actions de son débiteur.

§ 4. EFFETS DU PIGNUS IN CAUSA JUDICATI CAPTUM.

Toutes les conditions requises pour la validité du *Pignus in causâ judicati captum* ayant été remplies, et les incidents vidés en faveur du saisissant, quel est l'effet de la saisie ? Ainsi que son nom l'indique, elle constitue au profit du saisissant un droit de gage sur tous les objets dont le magistrat a ordonné la saisie.

Ce droit de gage est assimilé par les textes à celui qui résulte de la convention[1] Dès lors le créancier qui a fait procéder à la saisie primera tous les créanciers gagistes ou hypothécaires postérieurs, sans exception[2], et les objets saisis seront frappés d'une sorte d'inaliénabilité relative jusqu'à la vente. Par suite, le débiteur, quoique toujours propriétaire, ne pourra valablement en disposer, et, à l'exemple de l'hypothèque accordée par notre article 490 du Code de Commerce aux créanciers d'un failli, notre saisie sera opposable aux créanciers qui ont traité avec le débiteur postérieurement au *Pignus in causâ judicati captum*.

[1] La loi I au Code *Si in causâ jud.*, 8, 23, nous dit : Res ob causam judicati datas ejus jussu, cui jus jubendi fuit, pignoris jure teneri ac distrahi posse sæpe rescriptum est. Nam invicem justæ obligationis succedit ex causâ contractus auctoritas jubentis.

[2] 10, D. *Qui potiores*, 20, 4. — 2, C. *Qui potiores*, 8, 18.

Le saisissant a donc : 1° les interdits possessoires pour écarter tout obstacle ou repousser tout trouble à sa possession [1] ; 2° un droit de préférence [2] et un droit de suite.

Le droit de suite ne saurait lui être refusé, à l'instar du créancier gagiste conventionnel, puisque ce dernier, depuis la création de l'hypothèque, a un droit réel (sanctionné par l'action hypothécaire), afin de protéger son droit de rétention (*Inst.*, liv. IV, tit. VI, *De act.*).

Mais, nous dit Ulpien, il faut une mise en possession [3] ? Que faut-il entendre par cette mise en possession, qui, si elle devait être effective, établirait une différence entre ce gage et celui qui résulte de la convention (lequel peut exister sans possession réelle sous le nom d'hypothèque)? Aucun texte ne vient déclarer que tous les effets de notre saisie ne peuvent se produire que si le saisissant se met lui-même réellement en possession des objets saisis. Nous devons donc penser que si le créancier le peut, il fera bien de détenir les objets saisis, mais que néanmoins il n'est pas nécessaire que cette possession soit effective.

Les *officiales* qui saisissent posséderont pour lui [4] en ce dernier cas ; et ce qui le prouve, c'est que la vente, ainsi que nous le verrons, est effectuée par leurs soins. Ulpien

---

[1] 2, D. *Ne vis fiat ei*, 43, 4.

[2] Nous voyons la différence qui existe entre le *Pignus in causa judicati captum* et le *Pignus prætorium* résultant de la *Missio in possessionem*, puisque dans ce dernier tous les créanciers sont sur le même rang, et qu'il ne constitue pas un droit de préférence pour le premier créancier qui l'a obtenu.

[3] Loi 26, 1, D. *De pignor. act.*, 13, 7 : Sciendum est, ubi jussu magistratus pignus constituitur, non alias constitui, nisi ventum fuerit in possessionem.

[4] *Sic* Tambour, I, pag. 390.

a donc voulu dire que les effets de notre saisie n'étaient certains que tout autant qu'il y avait eu saisie réelle, afin d'établir par la date le rang des divers créanciers, et ce, par les *officiales* chargés de la vente.

Comme la *Missio in possessionem* dans la *Venditio* et la *Distractio bonorum*, la saisie des objets ne constituait que la première phase de notre voie d'exécution. La seconde, but final du *Pignus in causâ judicati captum*, c'était la vente, car elle seule permettait au créancier d'arriver au payement de ce qui lui était dû.

Nous allons donc passer à l'étude des formes et des effets de la vente.

SECTION III.

DE LA VENTE.

A l'origine, le créancier gagiste ou hypothécaire conventionnel n'avait le droit de vendre la chose engagée que tout autant qu'une clause formelle du contrat lui en avait accordé la faculté (73, D. *De furtis*, 47, 2—15, § 5, D. *De divers. temp.*, 44, 3—8, §§ 3, et 4, D. *De pign. act.*, 13, 7). Plus tard cette clause fut considérée comme tacite (Gaïus, II, § 64). Enfin, sous Justinien, le droit de vendre était de la nature et de l'essence du gage conventionnel, de telle sorte que toute clause contraire était réputée nulle *ipso jure*[1] (*Inst.*, § 1, liv. II, tit. 8). Ce droit de vente se justifiait théoriquement par l'idée de mandat donné par le débiteur au créancier ; en d'autres termes, on

---

[1] La loi 4, D. *De pigner. act.* (13, 7), nous parle du droit de vendre comme étant de l'essence du *Pignus*. On admet généralement que ce texte, qui est d'Ulpien, a été remanié par Tribonien pour le mettre d'accord avec la théorie de Justinien.

supposait que le débiteur avait donné pouvoir au créancier de vendre les biens affectés, au cas de non-payement.

Ce droit de vendre, nous le voyons, n'était devenu de l'essence du gage que sous Justinien seulement ; au contraire, pour le *Pignus in causa judicati captum* (ce gage judiciaire, si nous pouvons nous exprimer ainsi), ce droit de vendre avait toujours été de son essence, puisque le rescrit d'Antonin l'accorde formellement (31, D. *De re jud.*, 42, 1). Cette différence provient de ce qu'ici le fondement n'est plus le même, quoique le résultat soit identique : l'idée de mandat ne saurait en effet être admise, car il n'y a pas eu accord de volonté entre le créancier et le débiteur ; le fondement du droit de vendre, dans le *Pignus in causa judicati captum*, c'est l'autorité du magistrat.

Nous allons diviser notre étude de la vente en deux parties : dans la première nous traiterons des formes, et des effets dans la seconde.

§ 1. Formes de la vente.

Afin de permettre au débiteur de se procurer les fonds nécessaires à l'acquittement de sa dette, la vente ne suivait pas immédiatement la saisie ; elle ne pouvait avoir lieu que deux mois après [1] ; c'est ce que nous dit Antonin dans son rescrit (31, D. *De re jud.*). Une fois ce délai expiré, la vente avait lieu aux enchères (3, C. *De execut. rei jud.*, 7, 53 — 2, C. *Ad licit.*, 8, 23) par les soins des délégués du magistrat qui avaient opéré la saisie [2]. Il

---

[1] Ce délai rappelle les soixante jours de la *Bonorum venditio*.

[2] Ces délégués du magistrat différaient du *curator* nommé à suite d'envoi en possession au cas de *Distractio bonorum*, en ce sens qu'ils n'avaient pas pour mission d'administrer, mais seulement de procéder à la vente.

est probable qu'elle pouvait être faite à l'amiable avant les enchères.

Comme il n'était pas chargé de la vente, le créancier avait le droit, ainsi que toute personne, de prendre part aux enchères. Enfin la vente devait être portée à la connaissance du public par des affiches.

Ajoutons que lorsqu'il s'agissait d'une créance, le saisissant pouvait, ou bien faire procéder à la vente de la créance, ou bien faire exercer l'action par le ministère des agents du magistrat.

§ 2. Effets de la vente.

La vente doit être examinée dans ses effets au point de vue de l'acheteur, du créancier et du débiteur. Nous allons procéder à cette étude en suivant cet ordre, et nous terminerons par celle de l'attribution de l'objet au créancier, dans le cas où il ne se présentait pas d'acheteurs.

A. *Effets de la vente quant à l'adjudicataire.* — La vente suivie d'un des modes translatifs de propriété avait pour effet de tranférer à l'acheteur tous les droits que le précédent propriétaire avait sur la chose, le *Dominium ex jure quiritium* s'il était propriétaire *quiritaire*, un juste titre permettant l'*usucapion* dans le cas contraire [1]. Donc, au fond, le vendeur, c'était le débiteur saisi, ce qui paraît de prime abord assez étrange, puisque ce débiteur était dépossédé malgré lui.

Comment expliquons-nous ce résultat ? M. Labbé (*De*

---

[1] Comme le *Pignus in causâ judicati captum* existait à la période formulaire, dans laquelle on distinguait encore les choses en *res mancipi* et *mancipi*, la vente devait être suivie d'une tradition.

la garantie, p. 45) nous dit que le vendeur était le créancier saisissant, mais qu'il ne vendait pas pour son compte, qu'il vendait pour le compte du débiteur, auquel il était substitué en qualité de *Procurator præsentis*, lequel était regardé comme un véritable *cognitor* et représentait le mandant (*Fragt. vatic.*, §§ 328, 331, 332). Voilà pourquoi la vente engendrait les rapports directs entre l'acheteur et le débiteur.

Cette explication est fort ingénieuse, mais elle nous paraît inadmissible, car elle est en contradiction directe avec le principe que nous avons émis plus haut et qui nous paraît indiscutable : que le droit de vendre du créancier saisissant découlait, non de l'idée de mandat, comme pour le créancier gagiste conventionnel, *mais de la seule autorité du magistrat.*

On pourrait encore soutenir, à l'appui de cette opinion, que la contradiction n'est qu'apparente. En effet, le magistrat, en vertu de son autorité, mettait le saisissant dans la position qu'il aurait eue s'il avait obtenu par contrat un *pignus* conventionnel de la part du débiteur : or, s'il avait obtenu un *pignus*, il aurait eu le mandat exprès ou tacite de vendre ; dès lors, puisque sa position est la même, il est tout naturel d'admettre qu'il soit considéré comme le *Procurator præsentis* du débiteur.

Cette solution ne paraît point évidente, car, pour l'adopter, il faut, croyons-nous, admettre que si cette idée de mandat ne découle pas, comme pour le gage ordinaire, de la volonté expresse ou tacite du débiteur, elle découle tout au moins d'une fiction du magistrat. Eh bien ! ceci posé, il nous paraît bien difficile d'admettre, au cas de *Pignus in causâ judicati captum*, la moindre fiction de mandat. En effet, une fiction ne peut reposer que sur une idée, qui, si elle n'existe pas, aurait tout au moins pu exister, serait possible. Par la fiction, le magistrat remplace à Rome ce que les parties auraient pu et dû faire : or, en notre espèce, nous nous trouvons en présence de parties hostiles, dont l'une fait tout ce qui lui est possible pour arriver au payement de ce qui lui est dû, tandis que l'autre cherche par tous les moyens à échapper aux étreintes de son créancier, et chez lesquelles il n'a jamais pu exister, à un moment quelconque, le moindre accord exprès ou tacite. C'est donc par suite de la seule autorité du magistrat et en vertu du principe que les biens d'un débiteur sont le gage de ses créanciers, que le saisissant a le droit de faire procéder à la vente ; c'est toujours par suite de cette autorité que les effets de la vente se produisent entre l'adjudicataire et le débiteur, quoique ce dernier soit un vendeur contraint et forcé.

Mais *quid* si l'acheteur ne paye point ? Notre loi 15, *De re judicatâ* répond à la question. Il y a deux moyens : ou bien revendre l'objet comme si la première vente n'avait pas existé ; ou bien poursuivre l'acheteur et le forcer à payer.

Le débiteur saisi n'était point propriétaire des objets, et l'acheteur après avoir payé est évincé ? En ce cas, d'après Hermogénien, l'adjudicataire avait l'action *Ex empto* ([74, § 1, D. *De evict..*, 21,2) contre le débiteur, non pas comme un acheteur ordinaire pour *Quanti interest*, mais seulement pour le prix par lui déboursé.

Quoique vendeur contraint et forcé, le débiteur n'en est pas moins soumis, au cas d'éviction, à un recours de la part de l'adjudicataire. Mais sur quoi base-t-on ce recours, car il n'y a pas eu véritable vente, puisque le débiteur n'y a pas concouru? Sur ce principe que nul ne peut s'enrichir aux dépens d'autrui : or, comme l'acheteur, par son payement, a libéré le débiteur, il est équitable que ce dernier supporte les conséquences d'une situation dont il a profité.

Mais comme ce principe découle d'une considération d'équité permettant l'extension de telle ou telle action accordée dans tel ou tel autre cas, ce sera l'action *Ex empto* utile qui sera donnée à l'acheteur contre le débiteur [1].

Cette différence avec l'action *Ex empto* ordinaire s'explique facilement par la situation réciproque des parties en cause. Que peut exiger en effet l'acheteur? Le remboursement de ce qu'il a payé, et, comme le dit avec juste raison M. Labbé (*Op. cit.*, pag. 48), « le débiteur saisi, en réalité, n'a pas concouru à la vente, celle-ci a eu lieu malgré lui; dès lors pourquoi cet acte auquel il est resté étranger deviendrait-il pour lui la source d'une obligation à payer des dommages-intérêts »? Qu'il ne s'enrichisse point aux dépens d'autrui, c'est tout ce qu'ont exigé avec raison les juriconsultes romains [2].

Les textes sont muets sur le point de savoir si, indépendamment de son recours contre le débiteur, l'acheteur évincé en avait un contre le créancier.

Au cas de gage conventionnel, à moins que le créancier

---

[1] Nous trouvons cette qualification dans la loi 24, pr., D. *De Pign. act. tel contra*, qui a trait au créancier pourvu d'un *Pignus* conventionnel.

[2] Nous constatons que la situation du débiteur à suite de saisie est bien préférable à celle du débiteur dont on a vendu les objets à suite de gage conventionnel. Car dans ce dernier cas l'acheteur qui est évincé a : 1° une action en garantie ordinaire contre le débiteur; 2° l'action *Pigneratitia contraria* que le créancier doit lui céder (L. 24, pr., D. *De pign. act. vel contra*, 13, 7). — (L. 33, D. *De evict.*, 21, 2).

n'ait vendu *Jure communi* comme un vendeur ordinaire, ou qu'il y ait eu dol de sa part, il n'y avait pas de recours possible contre lui [1].

Si dans ce cas il n'y avait pas de recours, à plus forte raison doit-il en être de même dans notre saisie, où le créancier ne vend point personnellement, mais bien par le ministère des *officiales* (ll, § 16, D. *De act. empt. et vend.*, 19, 1).

Il en est de même pour la garantie des défauts cachés.

Les *officiales* n'étaient point soumis à l'action en garantie, il ne pouvait être donné contre eux que l'action de dol au cas où ils avaient frauduleusement vendu les objets à un prix inférieur (L, 50, *De evict.*, 21, 2).

Ceci nous montre bien quel était le caractère des *officiales*, véritables mandataires et représentants des créanciers saisissants, qui comme lui ne peuvent être soumis, si ce n'est pour dol, à la moindre garantie.

B. *Effets de la vente quant au créancier et au débiteur.*
— La vente des objets frappés de saisie avait pour effet d'éteindre les *Pignus in causâ judicati captum* ; par suite, le créancier voyait disparaître son droit de gage sur les objets par lui saisis. S'il y avait un surplus, il retournait au débiteur. Si au contraire le prix de la vente n'avait pas suffi pour désintéresser complètement le créancier, ce dernier avait un recours contre son débiteur, lequel pouvait de nouveau être poursuivi.

[1] Le créancier fait son affaire dans la vente, il ne garantit que la qualité en laquelle il vend, et il a le droit de faire vendre. S'il a vendu en sa dite qualité et s'il ignorait que son débiteur ne fût pas propriétaire, il n'y a pas dol de sa part et il n'est pas tenu à garantie. C'est ce que nous dit la loi 11, § 16, *De act. empti.*, 19, 1.

Il en était de même, comme nous le verrons plus loin, si le prix auquel le créancier s'était porté enchérisseur était inférieur au *quantum* de la dette.

Quant au débiteur, l'effet de la vente était de le libérer de tout ou partie de sa dette, sans porter atteinte en quoi que ce soit à son *existimatio*.

Enfin, en terminant, il nous reste à examiner une dernière hypothèse : la vente avait lieu, et il ne se présentait pas d'acheteurs ; ou bien aucun n'offrait un prix suffisant. En ce cas, les textes nous disent que le créancier pouvait, ou se faire attribuer l'objet, ou se porter enchérisseur. Quel était l'effet de l'attribution de l'objet au créancier? Elle éteignait le *pignus* ainsi que la dette garantie par lui ; peu importait que la créance fût inférieure ou supérieure à la valeur de l'objet. L'*addictio* de l'objet en faveur du créancier était considérée comme une sorte de transaction sur laquelle il ne pouvait revenir. Pothier a contesté cela (*Pandectes : De re jud.*, 60); mais c'est aujourd'hui indiscutable, en présence du texte d'Ulpien [1], qui est bien précis.

Si le créancier se portait enchérisseur, en ce cas le le débiteur était tenu du surplus si le montant de l'adju-

---

[1] Le créancier était censé faire une évaluation entre le montant de sa créance et la valeur de l'objet saisi, et ce, en présence du magistrat, qui ne devait accorder l'*addictio* qu'en connaissance de cause afin d'éviter une spéculation onéreuse pour le débiteur. Voici le texte d'Ulpien : Si pignora, quæ capta sunt, emptorem non inveniant : rescriptum est ab imperatore nostro et divo patre ejus, ut addicantur ipsi, cui quis condemnatus est. Addicantur autem utique ea quantitate, quæ debetur ; nam si creditor maluerit pignora in creditum possidere, iisque esse contentus, rescriptum est, non posse eum, quod amplius sibi debetur, petere ; quia velut pacto transegisse de credito videtur, qui contentus fuit pignora possidere ; nec posse eum in quantitatem certam pignora tenere et superfluum tenere (15, § 3, *De re judicata*).

dication était inférieur au *quantum* de la dette. On voit alors l'intérêt qu'il avait à se porter enchérisseur ou à demander l'*addictio*. Si l'objet mis en vente était trop inférieur au montant de la dette, il se portait adjudicataire et son recours pour le surplus subsistait contre le débiteur. Si au contraire l'objet était comme valeur à peu près égal, il demandait l'*addictio*, que le magistrat lui accordait, *cognitâ causâ*[1].

De grandes discussions se sont élevées sur cette attribution de l'objet saisi au créancier. Quelle était la qualité de ce dernier vis-à-vis de ces objets, s'est on demandé ; était-il propriétaire quiritaire ou bonitaire ? La controverse vient des lois au Code 3, *Si in causâ* (8, 23) et 3, *De exec. rei jud.* (7, 53). La première parle d'une *addictio* faite *auctoritate principis*, et la seconde suppose un envoi en possession accordé par le magistrat. Ceux qui, s'attachant à la lettre de la loi, adoptent cette distinction entre le pouvoir qu'aurait eu le magistrat, ou bien d'attribuer purement et simplement l'objet au créancier, ou bien de l'envoyer seulement en possession, décident que l'attribution seule conférait la propriété quiritaire, l'envoi en possession ne donnant que l'*In bonis*. Mais repoussent cette distinction ceux qui pensent que cette différence entre les deux lois provient uniquement de ce qu'au début le préteur qui attribuait l'objet ne pouvait donner que l'*In bonis* sur le gage accordé au créancier (ce à quoi ferait allusion la seconde loi) ; tandis qu'une fois le *Pignus in causâ judicati captum* consacré par des rescrits impériaux, le magistrat accordait le *Jus quiritum*. Du reste, elle tient

---

[1] Cela répond à l'objection faite par ceux qui se demandent quelle était l'utilité de l'*addictio* en présence de la faculté pour le créancier de se porter adjudicataire.

uniquement à certains mots auxquels les rédacteurs des Constitutions n'avaient pas attaché toute l'importance qu'on veut bien supposer. Cette controverse est sans intérêt dans le dernier état du droit, après la disparition de la distinction entre la propriété bonitaire et quiritaire [1].

Le créancier enchérisseur est évincé!? En ce cas, pas de difficulté, quoique nous n'ayons pas de textes. En raisonnant par analogie, nous décidons que ce créancier, étant dans les deux cas un acheteur, pouvait recourir par l'action *Ex empto utile* contre son débiteur.

De même que les objets corporels, les créances pouvaient être l'objet d'un *Pignus in causâ judicati captum*. Le créancier, lorsqu'il avait fait saisir des créances, avait le choix entre deux moyens : ou bien les faire vendre, ou bien les exercer lui-même. Le § 10 de loi 15, *De re judicatâ*, paraît même laisser le choix de ces modes à l'appréciation du magistrat.

Dans tous les cas que nous venons d'énumérer, après la vente comme après l'*addictio*, le magistrat qui avait présidé à l'exécution n'avait pas à connaître des difficultés postérieures. Sa compétence cessait immédiatement (15, D. *De re jud.*, 42, 1).

---

[1] Nous simplifions ainsi en admettant qu'il y a eu erreur ou que ces mots signifient un seul et unique mode : l'*addictio*.

SECONDE PARTIE.

Droit Français.

ÉTUDE SUR LA SAISIE-ARRÊT[1]

> A un certain moment du développement des sociétés, les droits et les obligations dépendent de la procédure. La procédure n'est pas simplement une sanction des droits et des obligations.
>
> Henry Sumner Maine; *Lectures on the early history of institutions.* London, 1875, lett. IX, pag. 252.

HISTORIQUE.

Dans la dernière période de la législation romaine, ainsi que nous venons de le voir, le *Pignus in causâ judicati captum*, cette voie d'exécution sur les biens, pou-

---

[1] *Bibliographie.*—*Annuaire de législation étrangère*, 1876-82; Aubry et Rau, *Droit civil*; Bioche, *Dictionn. Procéd. civ.*; Boitard, *Leçons de Procéd. civ.*; Boncenne, *Procéd. civ.*; Bonfils, *Procéd. civ.*; Bourbeau, *De la Justice de paix*; Chauveau et Carré, *Procéd. civ.*; Belot, *Commentaire des lois de Genève*; Dalloz Alph. *S.-arrêt*; Dalloz, *Périodique*; Demate et Colmet de Santerre, *Cours analytique de Droit civil*; Debelleyme, *Des référés*; Denisart, *Collection de Jurisprudence*; Demolombe, *Cours de Droit civil*, vol. I, VII, XIV, XVII, XXV, XXIX; Fœlix et

vait être exercé sur tous les meubles appartenant à un débiteur, soit que ce dernier les eût en sa possession, soit qu'ils fussent déposés chez un tiers.

En s'appuyant sur les lois 15, § 11 et 12, Dig. *De re judicata*, 42, 1-7; § 2, Dig. *Qui satisdare cogantur*, 2, 8 et 10; § 16, Dig. *Quæ in fraudem creditorum*, 42, 8[1], certains auteurs ont conclu que la saisie-arrêt était d'origine romaine[2].

Cette opinion n'est généralement pas admise, et avec juste raison. Que voyons-nous en effet dans les textes cités plus haut? Qu'un créancier pouvait saisir d'abord

---

Demangeat, *Droit international privé*; Ferrière, *Dictionn. de Droit et de pratique*; *Journal de Droit international privé*, 1871-75-77-78-82; Locré, *Esprit du Code de Procédure*; Larombière, *Théorie et pratique des obligations*; Marcadé, *Droit civil*; Mourlon, *Privilèges et hypothèques*; Merlin, *Répertoire*; Pigeau, *Procéd. civ.*; Pothier, *Procéd. civ.*; Proudhon, *Traité de l'usufruit*; Roger, *De la saisie-arrêt*; Rodière et Pont, *Contrats de mariage*; Rodière, *Procéd. civile*; *Revue critique*, 1856-61-63; *Revue de Droit internation. et de législation comparée*, 1869-80; *Revue pratique*, 1856-62-67; *Revue de Droit français et étranger*, 1848; *Revue judiciaire de la Cour d'appel de Montpellier*, 1883; *Revue historique*, 1880-81; Thomine, *Comm. du C. de Proc. civ.*; Tambour, *Des voies d'exécution*; Troplong, *De la prescription*; Vazeille, *Contrats de mariage*; Zachariæ, *Droit civil*.

[1] Loi 7, § 2. Si satisdatum pro re mobili non sit et persona suspecta sit, ex quâ satis desideratur : apo[l] officium deponi debebit, si hoc judici sederit, donec vel satisdatio detur ve[l] lis finem accipiat.

Loi 10, § 16. Si debitorem meum et complurium creditorum consecutus essem fugientem, se cum ferentem pecuniam et abstulissem ei id, quod mihi debeatur : placet Juliani sententia dicentis, multum interesse, antequam in possessionem bonorum ejus creditores mittantur, hoc factum sit, an postea : si ante cessare in factum actionem : si postea, huic locum fore.

[2] Hofacker, *Principia juris civilis*, 3, § 4, 239. Pothier.

les meubles de son débiteur, même déposés chez un tiers ; ensuite les créances, *mais seulement après avoir saisi les immeubles* (Ulpien dans la loi 15, § 2, est formel). La saisie de meubles du débiteur déposés en mains tierces ne constituait donc pas une procédure spéciale.

Sans doute les jurisconsultes romains avaient admis, après de longues discussions, que tout créancier, pour obtenir payement de ce qui lui était dû, pouvait saisir les créances de son débiteur ; peut-être même y a-t-il eu dans ces dispositions le germe de la saisie-arrêt ; mais on ne saurait prétendre qu'elle ait été connue et pratiquée par les Romains. La *Pignoris capio ex causâ judicati* n'est autre chose qu'une voie d'exécution générale, qui peut être assimilée à notre saisie-exécution, mais non point à la saisie-arrêt. Car, ainsi que nous venons de le dire, et on ne saurait trop insister, si elle permettait la saisie des créances, ce n'était qu'en dernier lieu et à défaut de meubles et d'immeubles.

Nous pensons donc que la saisie-arrêt, quoique contenue en germe dans le Droit romain, n'a formé une voie d'exécution spéciale, avec une procédure distincte, que bien longtemps après. Notre opinion s'appuie sur cette règle de notre vieux Droit français, laquelle n'est que la reproduction du § 2 de la loi 15. *De re judicatâ*, qu'on ne peut saisir les créances qu'après discussion préalable des meubles et des immeubles [1].

A quelle époque la saisie-arrêt fut-elle introduite dans notre législation ? Il est bien difficile, pour ne pas dire impossible, de fixer une date. Ce que nous savons, c'est qu'on trouve notre procédure de saisie-arrêt mentionnée

---

[1] *Sic* Gluck, *Pandectes*, VI. — Cujas, *Observ.*, cap., 19.

pour la première fois dans nos coutumes. Était-elle adoptée par notre Droit antérieurement à ces dernières ? C'est peu probable, car l'édit de Théodoric et le bréviaire d'Alaric, en vigueur dans le midi de la France, n'étaient que la reproduction des idées romaines. D'un autre côté, dans le Droit germanique, la loi salique, la loi ripuaire et l'édit de Chilpéric ne contiennent aucune disposition relative à notre saisie; la procédure d'exécution était du reste fort simple à cette époque et ne comportait que quelques formalités.

Du Droit germanique de l'époque franque au Droit coutumier, nous ne trouvons que peu de documents sur la saisie des biens des débiteurs. En effet, les relations sociales, en ce temps de troubles, se concentraient dans des cercles forts restreints, la force primait le droit, et chacun était habitué à compter plutôt sur lui-même, pour obtenir payement, que sur l'autorité supérieure.

Il faut donc arriver à l'ancien Droit coutumier pour rencontrer notre voie d'exécution, et encore nous n'avons que des conjectures sur le point de savoir quand et comment elle fut adoptée dans nos coutumes.

D'après Gluck [1], ce serait à la jurisprudence des tribunaux allemands que le Droit coutumier serait redevable de la saisie-arrêt. Confirmée par les lois de l'Empire, elle se serait peu à peu étendue et aurait été introduite dans notre Droit.

Mais cette hypothèse ne repose sur aucun texte; aussi, en l'absence de toute donnée et de toute preuve, nous nous bornerons à présumer que les principes du Droit romain, en matière d'exécution sur les effets mobiliers et

---

[1] *Pandectes*, VI, §§ 5, 20.

les créances, développés par les progrès de la science juridique et les besoins de la pratique, donnèrent naissance à la saisie-arrêt, à une époque qu'il est impossible de déterminer.

Notre voie d'exécution n'étant pas spécialement réglée par des ordonnances, et les dispositions des coutumes présentant des lacunes ou des règles diverses, suivant les localités, dans ses formes et ses conditions d'exercice, nous ne pouvons établir de règles précises sur la saisie-arrêt en général dans notre ancien Droit.

D'ailleurs, jusqu'au XVI° siècle, notre procédure a dû être rarement employée. En effet, conformément aux principes de la loi 15, § 2, *De re judicatâ*, on ne pouvait saisir les créances qu'après discussion du mobilier et des immeubles[1]. En 1571 seulement, nous constatons qu'il n'en est plus de même. Nous lisons en effet dans Fontanon[2] : « que le créancier peut commencer son exécution sur la dette due à son débiteur et obmettre ses biens meubles et immeubles ».

La saisie-arrêt avait diverses dénominations: on l'appelait *baniment* en Languedoc, *arrêtement* en Provence, *arrestation* en Dauphiné, *saisie-arrêt* ou *opposition* à Paris, *empêchement* en Nivernais, *clain* en Flandre et *plegment* en Bretagne.

La saisie-arrêt n'est mentionnée que dans quelques textes, notamment dans l'ancienne coutume de Bretagne, art. 126, 261, et dans la nouvelle coutume de Bretagne, art. 121, 234, dans celle de Paris, art. 166 et

---

[1] L'ancienne coutume de Bretagne et l'ordonnance de Dauphiné de 1409 portent que la saisie ne peut avoir lieu sur les droits et actions qu'à défaut d'autres biens.
[2] Édit de 1571, art. 427.

dans les ordonnances de Blois de 1539 et d'Orléans de 1560.

D'après la coutume de Bretagne, ce n'était qu'à défaut de biens propres du débiteur que le créancier saisissant pouvait poursuivre ceux dont son débiteur était créancier. Une fois la dette arrêtée, les parties étaient appelées en cause, et un jugement vérifiant le bien fondé de la demande du poursuivant, ordonnait l'exécution au profit de ce dernier.

Les coutumes d'Auvergne, art. 24, 34, et de Bayonne, art. 161, permettaient la saisie-arrêt sans discussion préalable des biens possédés par le débiteur. Il en était de même pour les coutumes du Berry, art. 9, 23, du Bourbonnais, art. 107, de la Marche, art. 369. Enfin, depuis l'ordonnance de Villers-Cotterets de 1539, la nouvelle coutume de Bretagne ne laissa plus subsister cette discussion préalable.

La coutume d'Orléans présentait même ceci de particulier que la saisie-arrêt pouvait être pratiquée, non seulement entre les mains d'un tiers, mais encore entre les mains du débiteur lui-même, afin qu'il ne pût disposer des créances et des objets saisis.

En principe, dans notre ancien Droit, la saisie-arrêt servait à saisir non seulement les créances, mais encore tous les objets mobiliers appartenant à un débiteur et se trouvant en la possession d'un tiers.

Elle pouvait être pratiquée avec ou sans titre, avec ou sans permission du juge, et aux termes de l'ordonnance de 1560 pour causes, moyens et raisons à déduire en temps et lieu ; ce qui la rendait la source d'abus énormes et de vexations révoltantes.

La procédure employée était presque identique à notre

procédure actuelle en saisie-arrêt; quant aux délais entre les diverses notifications et assignations, ils variaient suivant les coutumes.

Primitivement, la saisie-arrêt était sujette à péremption d'un an ou de trois ans au plus (Loisel, *Inst. Cout.*, liv. VI, tit. 5). Plus tard, d'après Denisart (*Saisie-arrêt*, 18), quand elle contenait assignation pour affirmer, elle tombait en péremption pour défaut de poursuites pendant trois ans, comme toutes les autres demandes; dans le cas contraire, elle durait trente ans.

Cette distinction mentionnée par cet auteur nous amène à établir la différence qui existait autrefois entre la saisie-arrêt proprement dite et le simple arrêt.

Pothier, dans sa *Procédure civile* (t. IX, part. IV, ch. II). établit parfaitement cette distinction. « Le simple arrêt, dit-il, est un acte judiciaire par lequel un créancier, pour sa sûreté, met sous la main de justice les choses appartenant à son débiteur pour l'empêcher d'en disposer. Il est bien différent de la saisie-arrêt, qui a pour effet de faire vider au débiteur arrêté les mains en celles de l'arrêtant, au lieu que le simple arrêt se fait pour conserver seulement les choses arrêtées et empêcher que le débiteur n'en dispose. »

A la requête du créancier saisissant, le sergent signifiait au tiers saisi qu'il lui était fait défense de payer à d'autres; il l'assignait en même temps en déclaration du quantum des sommes par lui dues. Après un délai qui variait suivant les coutumes (C. de Bourbonnais 1 mois, C. d'Angle 40 jours), dénonciation de la saisie était faite au débiteur, avec assignation pour voir ordonner la vidange entre les mains du saisissant des sommes arrêtées. Le tiers saisi, s'il ne faisait point sa déclaration, était condamné à payer tout ce qui était dû au saisissant [1].

La saisie-arrêt avait pour effet de mettre sous la main de justice la créance arrêtée et d'empêcher que le débiteur au préjudice duquel elle avait lieu pût en disposer. Régulièrement faite et la créance bien fondée, un jugement intervenait alors, attribuant au créancier les sommes par lui saisies-arrêtées, et ordonnant au tiers saisi de vider ses mains en celles du saisissant, jusqu'à concurrence du quantum de la somme due à ce dernier.

Tout demandeur dont la créance était liquide et exigible pouvait faire saisir-arrêter ce qui était dû à son débiteur par un tiers; mais si, en principe, tout meuble, corporel ou incorporel, était saisissable, certains étaient cependant déclarés insaisissables par des motifs d'utilité publique ou privée.

Ainsi, étaient insaisissables :

Les gages des officiers de la maison du roi et des officiers d'artillerie [2] ;

La solde des militaires [3] ;

Les épices dues aux avocats et procureurs du roi [4] ;

Les marchandises destinées à l'approvisionnement de Paris [5].

Si plusieurs saisies avaient été pratiquées à des requêtes différentes sur une même créance, le montant était dis-

---

[1] La coutume de la Marche, art. 369, permettait de saisir le tiers saisi qui refusait de se présenter, et de le contraindre par corps à ce faire.
[2] Ordonnances et déclarations, 20 avril 1553, 20 janvier 1567, 86-16, février 1556.
[3] Décl., 28 mars 1720, art. 8.
[4] Loyseau, *Des offices*, liv. IV.
[5] Ordonn. 1672, art. 10, ch. II. — Voir, pour la nomenclature des objets insaisissables, Denisart, *Saisie-arrêt*, n° 23.

tribué entre les divers poursuivants, dit Tambour [1]. Les créanciers privilégiés étaient payés d'abord, puis venait le premier créancier saisissant, par préférence aux autres, d'après les principes généraux en matière de saisie mobilière [2]. Toutefois cette préférence n'était admise que si la saisie-arrêt était pratiquée sur une créance échue. Les autres créanciers se partageaient le reliquat au marc le franc.

Ajoutons qu'au cas de déconfiture, tout droit de préférence disparaissait ; il y avait alors distribution égale entre tous les créanciers saisissants.

La saisie-arrêt avait-elle pour effet de rendre indisponible la créance entière ou seulement jusqu'à concurrence de ce qui était dû au saisissant ? Imbert [3] et la coutume de Bretagne, d'après d'Argentré (art. 126 et 128), admettaient cette dernière opinion. Denisart est muet sur ce point ; Pothier (n° 503) semble décider que la saisie-arrêt avait un effet des plus larges et que, par suite, la somme tout entière était frappée d'indisponibilité.

Telle était la saisie-arrêt dans notre ancien Droit.

Après la Révolution, le Droit intermédiaire ne s'occupa d'elle que par une loi des 14 et 19 février 1792, qui contient les règles de la procédure à suivre pour saisir-arrêter les sommes dues par le Trésor public.

Lors de la rédaction de notre Code de Procédure, les motifs du projet de loi sur la saisie-arrêt ont été exposés par M. Réal à la suite du Rapport fait au Corps législatif par M. Favard. Le 21 avril 1806, ce projet a été converti en loi et promulgué le 1er mai suivant. Il forme le

---

[1] *Traité des voies d'exécution*, II, pag. 327.
[2] *Le grand Coutumier*, II, ch. XVII, indique ce droit de préférence.
[3] *Pratique judiciaire*, liv. I, ch. LX, 1.

titre VII du livre V de la première partie du Code de Procédure civile, art. 557 à 583.

FONDEMENT ET CARACTÈRE DE LA SAISIE-ARRÊT.

Il est de principe que quiconque s'oblige, constitue une sorte de droit de gage tacite sur son entier patrimoine au profit de son créancier[1]. Dès lors, par cette seule qualité, celui-ci se trouve nanti de droits très importants.

Il peut d'abord saisir les meubles et les immeubles que son débiteur a en sa possession, afin d'arriver au payement de ce qui lui est dû. Il a de plus la facilité de saisir les biens mobiliers corporels ou incorporels qui sont dus par une tierce personne à celui qui est obligé envers lui. Cette voie d'exécution, spéciale aux objets mobiliers et aux créances, est désignée sous le nom de saisie-arrêt ou opposition. On peut la définir: Une procédure par laquelle un créancier arrête les sommes ou effets mobiliers de son débiteur détenus par un tiers, et obtient la délivrance de ces sommes et le prix de ces effets jusqu'à concurrence de ce qui lui est dû[2].

Ainsi, mon débiteur est créancier d'une tierce personne, ou bien il a mis en dépôt des effets mobiliers entre les mains de celle-ci; je puis faire signifier à cette tierce personne, appelée tiers saisi, défense de s'acquitter de sa

---

[1] Cette idée de gage tacite se trouve formulée dans l'art. 2093 du Code Civil; elle sert de fondement aux art. 1166 et 1167 du même Code.

[2] Il ne faut pas confondre la saisie-arrêt avec ces actes d'opposition faits par le propriétaire ou ayants droit d'objets mobiliers entre les mains d'un tiers (art. 603, 826 et suiv. C. Pr.), ou avec les sommations ou injonctions n'ayant pour but que d'empêcher telle ou telle personne de faire tel ou tel acte en l'absence ou au préjudice de l'opposant (art. 808, 990 C. Pr.; 821, 882 C. Civ.).

dette envers mon débiteur dit saisi, ou de lui remettre les meubles qu'elle détient, afin que le montant de la créance soit versé entre mes mains ou que, les meubles étant vendus, le prix m'en soit attribué, le tout jusqu'à concurrence du quantum de ma créance. Quels sont les caractères de la saisie-arrêt ? En tant que saisie, nous pouvons l'envisager à un double point de vue : Quand la saisie-arrêt est effectuée sur des objets mobiliers proprement dits, cette voie d'exécution conserve le caractère commun à toutes les autres saisies, c'est-à-dire que, pour arriver au payement de ce qui lui est dû, le créancier procède par voie de vente.

Au contraire, et c'est là le cas le plus général qui donne à notre saisie un caractère *sui generis*, lorsqu'il s'agit d'une saisie-arrêt pratiquée sur des deniers, ce n'est plus par voie de vente, mais par voie d'attribution que l'on procède, ainsi que cela avait lieu parfois dans notre ancien Droit.

Ce double caractère ne doit point étonner : en effet, en donnant au créancier la faculté de saisir en mains tierces une somme d'argent appartenant à son débiteur, on a par cela même écarté le principe qui domine toutes les saisies, c'est-à-dire la vente, pour le remplacer par la voie d'attribution, le créancier n'ayant pas besoin d'une vente pour arriver à la réalisation de son droit.

C'est donc par la voie ordinaire de vente que l'on procède au cas de saisie-arrêt d'objets autres qu'une somme d'argent, et par voie d'attribution en cas de saisie-arrêt de deniers.

Quel est le caractère de l'acte pris en lui-même ? Est-ce un acte conservatoire, est-ce un acte d'exécution ? Question grave qui divise la doctrine et la jurisprudence.

Premier Système. — La saisie-arrêt n'est autre chose qu'un acte conservatoire, car elle ne tend pas à contraindre le tiers saisi à verser immédiatement entre les mains du saisissant ce qu'il doit au débiteur saisi, mais seulement à l'empêcher de payer, à le forcer à retenir et conserver les sommes qu'il a entre les mains.

Cette opinion s'appuie sur les art. 557-558 et 559 C. Pr., qui permettent la saisie-arrêt, non seulement avec un titre authentique non revêtu de la formule exécutoire, mais encore en vertu d'un simple acte privé, sans intervention aucune du juge, sans la moindre permission, et pour une créance non liquide. Il y a là une contradiction flagrante avec les principes mêmes et les conditions fondamentales de toute voie d'exécution, principes contenus dans les articles 545 et 551 C. Pr., qui exigent un titre authentique revêtu de la formule exécutoire et une dette liquide.

De plus, si le but final de la saisie-arrêt est le payement par le tiers saisi ès mains du saisissant, ou la remise à ce dernier du prix des effets mobiliers saisis, ce n'est pas en vertu de la saisie-arrêt elle-même, mais en vertu du jugement de validité que ces payements s'effectuent.

Si donc des actes d'exécution s'ensuivent, ils ne se rattachent pas à la saisie-arrêt, qui est impuissante à les produire, mais au jugement qui leur donne naissance en vertu de sa propre force exécutoire.

C'est pourquoi la saisie-arrêt se distingue tellement des autres voies d'exécution qu'il est nécessaire de la classer dans la catégorie des actes conservatoires[1].

---

[1] C'est le système de la Cour de Cassation, adopté par quelques Cours

2ᵉ Système. — La saisie-arrêt est au contraire un acte d'exécution. En effet, dit-on, elle est placée au Code de Procédure dans le livre V, dont la rubrique est : *De l'exécution des jugements*. On trouve en elle tous les caractères constitutifs d'un acte d'exécution, c'est-à-dire séquestre, entre les mains du tiers saisi, des sommes arrêtées et main mise par le créancier sur la chose de son débiteur.

Enfin l'exploit de saisie-arrêt, pris en lui-même, est plus qu'un acte purement conservatoire, puisqu'il enlève au débiteur saisi l'exercice de ses droits[1].

3ᵉ Système. — Une autre opinion, adoptée par quelques Cours d'appel, considère la saisie-arrêt comme ayant un caractère mixte. Conservatoire au début, elle dégénère en acte d'exécution à partir du jugement de validité[2].

Ce système est donc un moyen terme entre les précédents et se rapproche le plus de ce que nous croyons être le véritable caractère de la saisie-arrêt.

Il n'est pas exact de dire que la saisie-arrêt est une mesure purement conservatoire. On ne saurait en effet se prévaloir de ce qu'elle peut être faite sans titre exécutoire pour lui contester son caractère d'acte d'exécution vis-à-vis du débiteur saisi, car on peut supposer

---

d'appel. — C. Cass., 23 mars 1868. D. P. 68, 1, 363. — Rennes, 21 août 1871. D. P. 75, 2, 20. — Bordeaux, 12 juillet 1880, D. P. 80, 2, 232. — C. Cass., 10 août 1831, D. P. 82, 1, 307.

[1] *Sic* Roger. — Bonfils à son cours. — Bordeaux, 23 juillet 1810, J. G. Jugement 424. — Bordeaux, 22 août 1851, D. P. 55, 2, 123. — Trib. de la Seine, 18 septembre 1878; *Gazette des Tribunaux*, 18 octobre 1879. — Trib. de la Seine, 23 juin 1883; *Gazette des Tribunaux*, 13 août 1883.

[2] Dalloz, J. G. Saisie-arrêt, n° 7; Douai, 10 décembre 1836, en note.

qu'elle est une saisie *sui generis* faisant exception à la règle générale, et pour laquelle la loi n'a pas exigé l'accomplissement de cette formalité. Du reste, ne voyons-nous pas souvent les tribunaux permettre l'exécution de leurs jugements sur minute, laquelle n'a pas de formule exécutoire ?

L'anomalie que relèvent les partisans du premier système n'est qu'apparente, et Pigeau, tom. II, pag. 47, nous en donne l'explication : « La raison de cette différence entre la saisie-arrêt, qui permet de saisir-arrêter les sommes et effets dans les mains d'un tiers, et la saisie de ces mêmes objets entre les mains du débiteur lui-même, laquelle exige un titre exécutoire, provient, dit-il, de ce que, la saisie faite chez le débiteur le dépossédant réellement et faisant un éclat nuisible au crédit du saisi qui peut n'être pas débiteur, on a dû exiger un titre exécutoire afin d'être bien certain qu'il doit ; mais la saisie-arrêt ne dépossédant pas réellement le débiteur, puisqu'il n'a pas la possession corporelle des objets saisis et ne faisant aucun éclat, le législateur a dû moins exiger pour cette saisie et la permettre au porteur d'un titre privé, sauf à faire main-levée et à le condamner à des dommages-intérêts s'il n'est pas créancier. »

La saisie-arrêt, dit-on, est un acte conservatoire, parce qu'elle ne tend pas immédiatement à faire payer le tiers saisi, et que c'est le jugement de validité qui seul lui donne une force exécutoire ?

Dalloz dit avec raison (*Jurisprudence générale*, au mot *Acte conservatoire*) que les actes de cette nature ont pour but de prévenir l'extinction d'un droit ; qu'ils conservent le droit lui même et non la chose qui est l'objet du droit, comme l'inscription hypothécaire, la transcription, etc.

Quant aux mesures qui ont pour objet, non pas la conservation du droit lui-même, mais de la chose qui est l'objet du droit, elles ne sont des mesures conservatoires que tout autant qu'elles sont prises à la demande d'une partie qui a sur la chose un droit de propriété ou de gage.

Si au contraire celui qui agit ne le fait qu'en sa seule qualité de créancier, sans avoir un droit propre sur la chose, et dans le seul et unique but de mettre les biens de son débiteur, détenus par un autre, sous la main de justice, afin de pouvoir les vendre à son profit ou se les faire remettre : en ce cas, il ne conserve aucun droit, il se contente de ramener à exécution son droit de créancier, de fixer, de spécialiser son droit de gage général sur les créances de son débiteur ; son but n'est donc pas de conserver, mais de se faire payer.

Ce jugement de validité, qui, dit-on, donne une force exécutoire à la saisie-arrêt, ne fait en réalité que déclarer cette saisie bien fondée et, en un mot, la corroborer. Il intervient pour compléter la saisie-arrêt un moment arrêtée, il lui donne une force nouvelle, mais il ne tient pas la place de cette dernière ; et le tiers saisi vide ses mains en celles du saisissant, en vertu, non pas du jugement lui-même, mais de la saisie-arrêt dont le bien fondé a été reconnu par une décision judiciaire.

On ne peut pas davantage soutenir que la saisie-arrêt est un acte d'exécution à l'égard de toutes les parties, car, vis-à-vis du tiers saisi, l'exploit n'a qu'un but : lui retirer la libre disposition des sommes par lui dues au saisi et les mettre sous la main de justice.

Si la saisie-arrêt a un caractère mixte, nous ne croyons pas, comme dans le troisième système, que, conservatoire au début, elle se transforme en acte d'exécution à suite du jugement de validité. Pour savoir quel est le véritable caractère de notre saisie, il faut se placer au point de vue des parties en cause et se demander quel est le but de la saisie-arrêt, tant à l'égard du tiers saisi que du débiteur.

Pour le premier, la saisie-arrêt est un acte conservatoire dont le but principal est d'empêcher le tiers détenteur de disposer, au préjudice du saisissant, des sommes qu'il détient ; au contraire, à l'égard du second, le but poursuivi par le créancier est de le dépouiller de sa propre chose : c'est là le point capital.

En résumé, acte conservatoire vis-à-vis du tiers saisi, acte d'exécution vis-à-vis du débiteur saisi, tel est, croyons-nous, le véritable caractère de la saisie-arrêt.

Tous les systèmes que nous avons exposés sont donc exacts en partie, le troisième seul se rapproche du nôtre, mais il en diffère profondément, en ce sens qu'il déclare la saisie-arrêt acte conservatoire au début, tant à l'égard du débiteur saisi que du tiers saisi, ce que nous n'admettons pas. Pour nous, l'opposition faite entre les mains du tiers saisi (acte conservatoire) devient une saisie (acte d'exécution) à l'égard du débiteur par l'assignation en validité.

Et nous insistons tout particulièrement sur ce double caractère de la saisie-arrêt, non seulement parce qu'il lui donne une physionomie toute spéciale qui la distingue nettement des autres saisies, mais encore parce qu'il nous permettra, par la suite, de résoudre facilement un certain nombre de difficultés.

Nous diviserons l'étude dans laquelle nous allons entrer, en trois parties.

Dans la première, nous nous demanderons quelles personnes ont la capacité nécessaire pour pratiquer valablement une saisie-arrêt, quels titres permettent d'agir et quelles choses sont saisissables.

Dans la deuxième, la plus importante, après avoir examiné la procédure sur saisie-arrêt, les incidents qui peuvent surgir à suite du jugement de validité, et les devoirs du tiers saisi assigné en déclaration affirmative, nous exposerons les effets de la saisie-arrêt jusqu'au jugement de validité et les effets de ce jugement.

Dans la troisième, nous dirons quelques mots des saisies-arrêts ès mains des fonctionnaires publics et de celles formées par l'État et les Administrations publiques. Nous étudierons notre voie d'exécution en Droit international privé et dans les diverses législations des États voisins qui se rapprochent le plus de la nôtre. Nous passerons en revue les réformes dont la saisie-arrêt est susceptible ; enfin, dans un Appendice, nous examinerons un projet de loi modifiant le titre VII du C. de Proc. civ., présenté par M. Remoiville à la Chambre des Députés.

CHAPITRE PREMIER.

Qui peut saisir-arrêter? — Au détriment de qui, entre les mains de qui peut-on saisir-arrêter?

PREMIÈRE SECTION.

QUI PEUT SAISIR-ARRÊTER?

En principe, tout créancier, qu'il agisse par lui-même ou par mandataire, peut pratiquer une saisie-arrêt, entre les mains d'un tiers détenteur, sur les sommes ou effets mobiliers appartenant à son débiteur. Nous avons dit : en principe, car, pour la validité de cette voie d'exécution il faut tenir compte de la capacité du créancier saisissant et examiner en outre si la créance qui est entre les mains du tiers saisi est de nature à faire l'objet d'une saisie.

Nous renvoyons à une autre partie l'étude des choses qui sont susceptibles d'être saisies-arrêtées. Quant aux conditions de capacité, elles varient suivant les différentes phases de la procédure. Les incapables peuvent parfaitement lancer l'exploit de saisie-arrêt à titre d'acte conservatoire, mais ils ne peuvent continuer les poursuites qu'avec autorisation ou assistance.

Il est des auteurs qui ne distinguent point et refusent d'octroyer aux incapables le droit de faire une simple opposition [1]. Nous repoussons complètement cette opinion, qui nous paraît trop absolue, et nous croyons qu'une distinction est nécessaire.

[1] Chauveau sur Carré, *Quest.*, 1923.

Enfin, on a aussi soutenu qu'il est nécessaire que le créancier saisissant soit débiteur *personnel* du débiteur saisi. En d'autres termes, un créancier ne pourrait pratiquer une saisie-arrêt au nom et pour le compte de son débiteur dont il prétendrait exercer les droits en vertu de l'art. 1166 du C. Civ.[1]. Nous rejetons complètement cette opinion, ainsi que nous le verrons à notre Chapitre IV.

SECTION II.
AU DÉTRIMENT DE QUI, ENTRE QUELLES MAINS PEUT-ON SAISIR-ARRÊTER ?

§ 1. AU DÉTRIMENT DE QUI PEUT-ON SAISIR-ARRÊTER ?

On peut saisir-arrêter au préjudice de tout débiteur; telle est la règle générale, à laquelle nous devons apporter quelques exceptions.

Ainsi, pour certains débiteurs qui sont réputés solvables, comme l'État, les Communes, les Hospices, les Fabriques, etc., la saisie-arrêt ne peut être pratiquée à leur encontre, car elle entraverait la gestion des administrateurs. En ce cas, les créanciers doivent s'adresser aux Autorités administratives chargées de faire inscrire au budget le montant de la dette[2].

---

[1] Chauveau. Q., 1923, tout en exigeant la capacité de s'obliger pour pouvoir saisir-arrêter, fait une distinction que nous ne comprenons pas: ainsi, il décide qu'à l'égard des personnes morales l'autorisation n'est pas nécessaire, et qu'un maire, un receveur des hospices, peuvent agir sans autorisation.

[2] État, art. 9., tit. 12, loi 22 avril 1791. — Art. 48, décret du 18 germinal an XIII. — Communes, Avis du Conseil d'État du 12 août 1807 et 11 mai 1813. — Hospices, Arrêté du 9 ventôse an X. — Fabriques, Avis du Conseil d'État du 24 juin 1803.

Cette prohibition de saisir les deniers de l'État n'empêche pas, bien entendu, de saisir-arrêter dans ses caisses les sommes qu'il doit à des tiers.

On s'est demandé si les créanciers d'une succession acceptée sous bénéfice d'inventaire pouvaient saisir-arrêter au préjudice de l'héritier bénéficiaire. L'héritier bénéficiaire étant un véritable administrateur, autoriser des saisies-arrêt de la part d'autres personnes, ce serait entraver sa gestion, avec d'autant moins de raison que la loi a pourvu à la sécurité des créanciers en leur permettant, soit d'exiger caution de l'héritier, soit de faire rendre le mobilier de la succession et consigner les deniers. Ces règles spéciales excluent donc l'application de l'art. 557 C. Pr., disent les partisans de la négative. D'autre part, ajoutent-ils, qu'a voulu faire le législateur, si ce n'est assimiler à la faillite la succession bénéficiaire? lorsqu'un débiteur est présumé insolvable, tout créancier ne peut améliorer sa situation aux dépens des autres, 2146 C. Civ.; 443, 444, 571 C. Comm.[1].

Au contraire, répondent avec raison les partisans de l'opinion opposée, l'héritier bénéficiaire n'administre que pour payer les créanciers à mesure qu'ils se présentent, 808 C. Civ.; il serait donc extraordinaire que l'héritier, qui ne peut refuser ce payement, pût cependant empêcher les créanciers de saisir le montant de leurs créances aux mains de tiers. L'héritier sous bénéfice d'inventaire est débiteur des créanciers de la succession, *non ultrà vires successionis*, c'est vrai ; mais il n'en est pas moins débiteur, et en administrant il fait sa propre affaire. C'est donc à tort que ceux qui soutiennent la négative assimilent le cas de succession bénéficiaire à celui de faillite, car les

[1] *Sic*, M. Bonfils à son cours.

art. 443 et suivants du C. de Comm., étant exceptionnels, ne peuvent être étendus, et aucun texte n'enlève aux créanciers d'une succession le droit de saisir ce qui leur est dû par le *de cujus*, entre les mains d'un tiers.

Quant au prétendu droit de préférence accordé au créancier saisissant, puisé par argument d'analogie dans l'art. 2146 C. Civ., il ne saurait arrêter, car la création d'un droit de préférence n'est pas le résultat nécessaire de la saisie-arrêt ; les autres créanciers n'ont qu'à se montrer vigilants et agir de leur côté pour obtenir le même rang que le saisissant [1].

Quid, au cas de faillite, peut-on pratiquer une saisie-arrêt au détriment d'un débiteur failli ? Évidemment non, car ici nous avons des textes qui prohibent toute poursuite, sauf de la part des syndics, et qui déclarent qu'aucun créancier ne peut rendre sa condition meilleure (443 C. de Comm.).

Enfin les créanciers d'une succession vacante ne peuvent, selon nous, former une saisie-arrêt entre les mains des débiteurs de cette succession, car le curateur, à la différence de l'héritier bénéficiaire, n'est qu'un simple administrateur représentant les créanciers [2] (813 C. Civ.).

§ 2. Entre quelles mains peut-on pratiquer une saisie-arrêt ?

Une saisie-arrêt ne peut être fournie qu'entre les mains de tiers détenteurs de sommes ou effets mobiliers [3].

---

[1] *Sic*, Duranton, 7, n° 37. — Roger, *Saisie-arrêt*, n° 180. — Carré et Chauveau, 1924 *bis*. — Bioche, *Saisie-arrêt*, n° 46. — C. Cass., 9 mai 1819. D. P. 49, 1, 151. — C. Cass., 1ᵉʳ août 1819. D. P. 49, 1, 287.

[2] C. Cass., 13 février 1865. D. P. 65, 1, 79.

[3] C'est ce qui distingue la saisie-arrêt de la saisie-exécution, par laquelle le créancier atteint les objets mobiliers possédés par son débiteur.

Ici nous nous trouvons en présence d'une difficulté qui surgit chaque fois que l'on rencontre le mot tiers. Dans quel sens devons-nous l'entendre? à quoi pourrons-nous reconnaître qu'une personne est un tiers, dans le sens de l'art. 557 ? Lorsqu'il n'existe pas entre le débiteur et le tiers détenteur de tels rapports de dépendance qui font que les deux personnes puissent se confondre, alors le détenteur est un tiers, au sens de l'art. 557, et on peut saisir-arrêter entre ses mains : tel est le principe.

Ainsi, le mandataire qui détient des valeurs pour le compte d'une personne, le commissionnaire, le banquier, etc., sont des tiers, et l'on peut pratiquer entre leurs mains des saisies-arrêt au préjudice de leur mandant ou de leur commettant. Au contraire, les préposés, les commis, les caissiers, les serviteurs, ne sont pas des tiers, au sens de notre article, car ils sont sous la dépendance de leur patron ou maître, n'ont pas une personnalité autre que celle de celui qui les commande, et possèdent, non point pour eux-mêmes, mais pour celui sous les ordres duquel ils se trouvent. A leur égard, il faudra saisir-exécuter et non saisir-arrêter.

Il en est de même du tuteur à l'égard du mineur ou de l'interdit, car la personnalité de ces derniers se confond avec celle du premier. Quant au gérant d'une société, s'il est un tiers vis-à-vis de chaque associé pris individuellement, au contraire il n'a point cette qualité vis-à-vis de la société elle-même.

Quelle est la qualité du mari vis-à-vis de sa femme ; est-il un tiers, et les créanciers de cette dernière peuvent-ils saisir-arrêter entre ses mains ? Il faut distinguer. Oui, les créanciers de la femme peuvent saisir à son préjudice entre les mains du mari, si ce dernier n'est qu'un simple mandataire conventionnel. Par exemple, dans le cas où la femme, mariée sous le régime dotal ou bien séparée de biens, abandonne à son mari l'administration de ses paraphernaux ou des biens dont elle a l'administration et la jouissance. Au contraire, les créanciers de la femme ne le peuvent point si le mari détient les effets de cette dernière à titre d'administrateur légal, par exemple si les époux sont mariés sous le régime de la communauté.

Mais n'oublions pas que les préposés et les commis dont la gestion a pris fin, le tuteur après la tutelle, le mari après la dissolution du mariage, s'ils sont encore détenteurs de sommes provenant de leur gestion, prennent alors la qualité de tiers, et ces sommes peuvent être saisies-arrêtées entre leurs mains.

Enfin, je suis en même temps créancier et débiteur d'une même personne : la compensation est impossible, car, bien qu'exigibles, l'une des deux créance ou dette n'est point liquide : puis-je pratiquer une saisie-arrêt sur moi-même ? L'importance de cette question est grande; car si *Primus* doit à *Secundus* un compte non liquidé, et ce dernier une somme nette, *Secundus* peut, avant la fin de la liquidation, céder sa créance à un tiers, lequel se fera payer par *Primus* une fois la liquidation terminée, tandis que *Primus* supportera fatalement la perte de ce qui lui est dû si *Secundus* devient tout à coup insolvable. Permettre à *Primus* de pratiquer une saisie-arrêt entre ses propres mains, ce serait lui éviter ce préjudice.

Ce point est vivement controversé. Les auteurs qui repoussent toute idée de saisie-arrêt sur soi-même nous disent : que la loi ne saurait admettre qu'une même personne pût réunir sur sa tête la double qualité de saisissant et de tiers saisi, car, si elle avait voulu qu'il en fût ainsi, nous aurions un texte formel qui consacrerait cette sorte de saisie-arrêt tirée de la jurisprudence des anciens Parlements. Du reste, ajoutent-ils, ce serait indirectement violer l'art. 1291 du C. Civ., qui exige, pour qu'il y ait compensation, que les deux dettes soient liquides ; or, en notre espèce, ce serait arriver à une véritable compensation, l'une des deux dettes ne réunissant pas les conditions exigées par la loi [1].

Par cela seul qu'une même personne réunit sur sa tête la qualité de créancier et de débiteur, on ne voit pas pourquoi elle aurait moins de droit que les autres sur les objets appartenant à son débiteur, disent les partisans de l'affirmative. En agissant ainsi, on ne fait qu'user du droit commun qu'une disposition expresse de la loi ne vient point contrarier. De plus, les termes des art. 557 et suivants n'indiquent pas qu'il faille nécessairement trois personnes distinctes; ne trouver donc que deux personnes, lorsque habituellement il y en a trois, ne prouve rien. Enfin, on ne peut sérieusement soutenir qu'il y ait là une véritable compensation, car les deux dettes ne s'éteindraient de plein droit qu'à la liquidation définitive [2].

Ces deux opinions nous paraissent fournir chacune des arguments qui ont leur valeur; c'est pourquoi, adoptant en partie la seconde, nous établissons une distinction et nous disons : Si la créance du saisissant sur lui-même est certaine, liquide et exigible, nous admettons en

---

[1] Berriat, pag. 523. — Rodière, 3, pag. 291; — Paris, 3 avril 1836. D. P. 36, 2, 65.

[2] Pigeau, Chauveau sur Carré, 1925.— Bioche, n° 21. Dallos, Saisie-arrêt, n° 11. — Marcadé, 1, pag. 610.

ce cas que la saisie-arrêt est valable, car sur quoi se fonderait-on pour l'annuler, ne réunit-elle pas toutes les conditions nécessaires ?

Au contraire, lorsque la créance du saisissant manque de l'un de ces caractères, on ne saurait admettre qu'il puisse saisir valablement entre ses propres mains, car ce serait violer, comme nous le verrons plus loin, les principes d'après lesquels une créance ne peut être saisie-arrêtée si elle n'est certaine, liquide et exigible [1].

[1] M. Bonfils à son cours. — Roger, n° 115. — Amiens, 5 août 1826. D. P. 29, 2, 216. — Paris, 8 avril 1836. D. P. 36, 2, 65.

CHAPITRE II.

En vertu de quelles créances et de quels titres peut-on saisir-arrêter?

Pour pouvoir pratiquer une saisie arrêt, il ne suffit pas d'être véritablement créancier de celui au préjudice duquel on veut agir; il faut, en outre, que cette qualité soit constatée par un acte ou présumée par le juge.

Aussi les art. 557 et 558 du C. de Pr. nous disent :

Tout créancier peut saisir-arrêter en vertu de titres authentiques ou privés, et, s'il n'y a pas de titre, le juge du domicile du débiteur et même celui du domicile du tiers saisi pourront permettre la saisie-arrêt. La saisie-arrêt ne peut donc être pratiquée qu'en vertu d'actes authentiques, d'actes privés et de permission de juge ; mais indépendamment des titres pris en eux-mêmes, pour pouvoir saisir-arrêter, il faut, de plus, que la créance constatée par les titres ou reconnue par le juge réunisse certaines qualités. Ce sont toutes ces conditions que nous allons successivement étudier dans les quatre sections suivantes.

PREMIÈRE SECTION.

ACTES AUTHENTIQUES.

L'acte authentique, faisant foi par lui-même des conventions qu'il renferme, peut donc, plus que tout autre, servir de base à une saisie-arrêt. Lors de la discussion du C. de Pr., plusieurs des rédacteurs voulaient qu'on ne pût procéder à une saisie-arrêt qu'en vertu d'un titre authentique ou d'une permission du juge; mais ces idées restrictives ne prévalurent pas et l'art. 557 fut rédigé dans le sens large que nous connaissons [1]. Nous avons à examiner deux catégories d'actes authentiques: les actes authentiques autres que les jugements, et les jugements; nous allons les étudier séparément.

§ 1. Actes authentiques autres que les jugements.

Les actes authentiques ordinaires, ceux passés devant notaire par exemple, pour pouvoir donner lieu à une saisie-arrêt, doivent, en plus des conditions exigées par la loi pour leur validité en tant qu'actes authentiques, contenir une obligation de la partie saisie. Nous en déduirons donc qu'on ne peut saisir-arrêter en vertu d'un inventaire qui ne contient que des énonciations. Au contraire, un testament, même olographe, si les formalités de l'art. 1007 du C. Civ. pour sa mise en exécution ont été remplies, peut donner lieu à une saisie-arrêt. Ajoutons qu'on peut pratiquer une saisie-arrêt même si les formalités de l'article ci-dessus n'ont pas été remplies, sauf à les observer si l'on veut continuer la procédure.

---

[1] L'ordonnance de 1560 permettait de saisir-arrêter même avec un titre sous seing privé. Aussi, en présence des abus commis sous cette ordonnance, ce désir de plusieurs Cours d'appel, de Conseillers d'État et du Tribunat, d'exiger un titre authentique s'explique facilement. De plus, considérant la saisie-arrêt comme un acte d'exécution, ils étaient logiques avec eux-mêmes après avoir édicté l'art. 551, qui exige un acte authentique pour tout acte de cette nature.

§ 2. Jugements.

Tout jugement régulier en la forme et au fond, pourvu qu'il porte condamnation, peut servir de base à une saisie-arrêt, mais il faut qu'il soit signifié [1]; enfin il doit être revêtu de la formule exécutoire, puisque toute décision judiciaire n'a la force exécutoire que tout autant qu'elle lui a été donnée par cette formalité.

Ainsi, on ne peut saisir-arrêter en vertu d'un jugement rendu à l'étranger, s'il n'est exécutoire en France. Il en est de même d'une sentence arbitrale si elle n'est revêtue de l'*exequatur* [2]. On peut procéder à une saisie-arrêt en vertu d'un jugement administratif, ainsi que d'une ordonnance de collocation qui n'est pas contestée et qui a l'autorité de la chose jugée. En effet, ces jugements sont de véritables décisions ayant force exécutoire, et ces ordonnances forment un titre exécutoire, à l'égard des parties en cause, sur la légitimité de la créance colloquée ou rejetée. C'est pourquoi une partie colloquée et non payée peut saisir-arrêter sans autre titre les sommes ou objets dus à son débiteur [3]. Enfin, une saisie-arrêt peut être pratiquée en vertu d'une ordonnance de référé.

Lorsqu'il s'agit d'un jugement ayant acquis l'autorité de la chose jugée, pas de difficulté ; mais que décider au cas où le jugement est frappé d'opposition, d'appel, de

---

[1] *Contrà* Rennes, 21 août 1871. D. P. 75, 2, 20. Comme pour le cas précédent, il n'est pas besoin que le jugement soit signifié pour lancer une simple opposition; la signification peut intervenir après, si l'on veut poursuivre.

[2] Nous constatons ici une différence avec les actes passés à l'étranger, qui, étant considérés comme privés, permettent de saisir-arrêter.

[3] Trib. de la Seine, 12 janvier 1877. D. P. 78, 3, 7.

tierce opposition, de requête civile ou enfin de pourvoi en cassation?

Un jugement non frappé d'opposition peut donner lieu à une saisie-arrêt. Pas de difficulté sur ce point; mais il n'en est pas de même si l'opposition est intervenue. En ce cas, la saisie-arrêt est impossible[1]. En effet, frapper d'opposition un jugement, c'est enlever à la créance ce caractère de certitude que le jugement lui avait donné, pour la rendre incertaine; c'est anéantir ce qui a été jugé, pour remettre tout en cause. Et une saisie-arrêt ne peut être fondée sur un droit redevenu douteux.

Mais l'opposition, irrégulière en la forme, est rejetée par le Tribunal? En ce cas, la saisie-arrêt à laquelle il aura été procédé dans l'intervalle sera valable, aux termes de l'art. 161 C. Pr. Si au contraire l'opposition, valable en la forme, est rejetée par le Tribunal comme mal fondée, elle a eu cependant un effet suspensif qui rendra nulle toute saisie-arrêt opérée après elle.

Quid si le jugement par défaut permet l'exécution provisoire nonobstant opposition? La saisie-arrêt sera valable, l'examen de son mérite, au fond, étant renvoyé jusqu'au jugement sur opposition[2].

Pour les jugements frappés d'appel, il est incontestable (comme pour le cas précédent) que l'on peut saisir-arrêter si le jugement dont est appel a ordonné l'exécution provisoire[3]. Dans le cas contraire, si, un jugement

---

[1] Si l'opposition intervient pendant la procédure en saisie-arrêt, elle arrête la procédure jusqu'au jugement sur opposition.

[2] S'il s'agit d'un jugement ordonnant l'exécution provisoire avec caution, ou d'un jugement du tribunal de commerce, le saisissant, pour agir, doit fournir caution.

[3] Il existe toutefois une différence entre les jugements par défaut et

extradictoirement rendu, une saisie-arrêt est pratiquée par le créancier, elle est suspendue par l'appel, pour être mise à néant ou valoir ce que de droit, suivant que la première sentence sera ou non réformée.

Mais la saisie-arrêt intervient après l'appel? D'après quelques tribunaux et quelques auteurs, même en ce cas on pourrait saisir-arrêter, car, disent ils, la saisie-arrêt n'étant, jusqu'au désaisissement du tiers saisi, qu'une mesure conservatoire, elle ne peut être annulée; décider autrement, ce serait préjudicier aux droits d'un créancier légitime, au profit d'un débiteur de mauvaise foi dont l'appel arrêterait toute poursuite [1].

Nous pensons au contraire, conformément à ce que nous avons admis, que, la saisie-arrêt étant un acte d'un caractère mixte et que l'appel des jugements définitifs ou interlocutoires étant suspensif de toute exécution (aux termes de l'art. 457 C. Pr.), il faut distinguer entre l'opposition signifiée au tiers saisi et l'assignation en validité. La première, étant un acte conservatoire, est parfaitement valable; mais il n'en est pas de même de la

les jugements contradictoires. Pour les premiers, tant que l'on est dans les délais de l'opposition, on ne peut se pourvoir contre le jugement par défaut qui a refusé ou ordonné à tort l'exécution provisoire, car il n'y a pas d'appel possible. Au contraire, pour les seconds, on peut se pourvoir contre le jugement qui a ordonné ou refusé à tort l'exécution provisoire, en obtenant des défenses de la Cour d'appel sur assignation à bref délai. On prévient ainsi la saisie-arrêt; ou bien, refusée à tort, le poursuivant peut la faire ordonner par la Cour et saisir-arrêter malgré l'appel, 136. 458 e; 459. C. Pr.

[1] Dans ce système, il est bien entendu qu'il doit être sursis au prononcé du jugement de validité de la saisie-arrêt tant que l'appel n'est pas vidé. Carré, 1928. — Bioche, *Saisie-arrêt*, n° 24. — Rouen, 14 juin 1828. D. S.-*Arrêt*, 91, note 1. — Trib. de Bastia, 20 mars 1858. D. P. 59, 3, 7.

seconde, véritable acte d'exécution, car il n'est pas permis d'exécuter un jugement frappé d'appel.

Comme le dit avec juste raison M. Roger, « un jugement frappé d'appel est un titre sans force, dont l'appel paralyse l'exécution et remet tout en question ; celui qui l'a obtenu redevient créancier aussi incertain qu'il l'était avant le jugement ». Sans doute, en ne permettant pas de poursuivre la procédure, un débiteur de mauvaise foi pourra frustrer un créancier légitime ; mais en adoptant en entier le premier système, s'il y a réformation, le résultat est pire, car le crédit d'une personne qui ne doit rien peut être lésé. Il est évident qu'entre ces deux solutions, en présence de ce double inconvénient, on ne saurait hésiter ; aussi nous préférons l'intérêt de celui qui se voit enlever la libre disposition de sa chose par celui auquel il ne doit rien ; c'était au saisissant à prendre des garanties suffisantes [1].

Peut-on saisir-arrêter en vertu d'un jugement dont l'appel est entaché de nullité ? Cette question, qui est vivement controversée, est des plus délicates, car les arguments invoqués de part et d'autre ont leur valeur. Que l'appel soit valable ou vicié, qu'il doive plus tard produire tous ses effets ou être annulé, peu importe, disent les partisans de la négative, il doit produire tous ses effets tant qu'il n'a pas été déclaré nul, irrecevable

---

[1] Chauveau sur Carré, 1928. — Roger, 63. — Dalloz, *Saisie-arrêt*, 95. — MM. Roger et Boitard vont plus loin : ils décident que la saisie-arrêt est nulle même si le jugement est confirmé, vu qu'aucun texte ne permet de donner un effet rétroactif à cette confirmation.

Un arrêt de la Cour de Paris décide que, lorsque l'appel et la saisie-arrêt ont été formés le même jour, comme on ne peut décider lequel est le premier, le juge des référés ne peut autoriser le payement au saisi des sommes saisies-arrêtées. Paris, 17 mars 1871. D. P. 75, 2, 20, 21.

ou mal fondé par les juges du second degré ; jusque-là, tout est remis en question, le jugement attaqué constitue un titre de créance incertain, et on ne peut dès lors saisir-arrêter [1].

Aux termes de l'art. 457 C. Pr., disent les partisans de l'opinion contraire, l'appel est suspensif, de telle sorte que tous les actes d'exécution consommés une fois l'appel interjeté, sont nuls. Mais cet effet de notre article ne doit s'entendre que d'un acte régulier et non d'un acte informe et d'une manifestation quelconque de volonté non revêtus des formalités exigées par la loi. Dès lors, la saisie-arrêt faite en vertu du jugement doit rester valable, une fois l'appel déclaré irrecevable [2].

Nous pencherions pour cette dernière opinion, car nous ne saurions admettre qu'un débiteur de mauvaise foi puisse se soustraire à un acte d'exécution en interjetant un appel, par exemple après délais, appel qu'il sait être nul, et ce, afin de gagner du temps et de frustrer son créancier. Bien entendu, en ce cas, le jugement de validité ne pourra intervenir que lorsque l'appel aura été déclaré nul par la Cour [3].

Au cas de tierce opposition, la saisie-arrêt est valable puisque les jugements qui en sont frappés peuvent servir de base à une exécution. Mais alors, aux termes des art. 477 et 478 C. Pr., il appartient aux juges de décider si oui ou non on doit arrêter la saisie ou la laisser

[1] *Sic* Roger, 75. — Pigeau, 2, pag. 31. — Chauveau sur Carré, 4, pag. 537.

[2] *Sic* Boitard, 2, 275. — Dalloz, *Saisie-arrêt*, 102.

[3] Cette question est, nous le voyons, intimement liée à une autre, non moins controversée, que l'on peut poser ainsi : Un appel irrégulier ou entaché de nullité produit-il un effet suspensif ?..., question que nous n'avons pas à étudier.

suivre son cours. Quant à la requête civile, elle n'empêche nullement l'exécution du jugement (497 C. Pr.).

Enfin, s'il y a pourvoi en cassation, on peut valablement saisir-arrêter, le pourvoi n'étant pas suspensif[1]. Si le jugement ou l'arrêt sont cassés par la Cour de Cassation, la saisie-arrêt doit être annulée et les sommes perçues restituées par le saisissant[2]. Il en est de même, en matière de contentieux administratif, pour le recours au Conseil d'État, sauf décision contraire du législateur[3].

SECTION II.
ACTES SOUS SEING PRIVÉ.

Nous avons vu que l'art 557 C. Pr., permettant de saisir-arrêter en vertu de titres sous seing privé, fut maintenu définitivement dans le Code de Procédure malgré la vive opposition de Cours d'appel, de conseillers d'État et surtout du Tribunat, qui, craignant qu'on ne revînt aux anciens abus, voulaient qu'on assimilât le porteur d'un titre privé à celui qui n'en avait pas et que la permission du juge fût exigée. Ceci posé, tout créancier muni d'un titre privé émanant de son débiteur peut procéder à une saisie-arrêt en vertu de ce titre : tel est le principe de notre article.

Mais que décider si la signature du débiteur est méconnue ? Les auteurs admettent avec raison que l'art. 557, qui permet de saisir-arrêter en vertu d'un titre sous seing privé, n'exige pas que la signature soit préalable-

---

[1] Il en est autrement en matière criminelle ou correctionnelle, 177, 373 C. Instr. crim.
[2] Bordeaux, 22 août 1851. D. P. 55, 2, 123.
[3] Décret du 22 juillet 1806.—Arrêt du Conseil d'État du 9 février 1808

ment vérifiée. Si cette formalité devait précéder la saisie, il en résulterait que, par une simple dénégation de signature, tout débiteur pourrait éluder ou tout au moins retarder le payement de ce qu'il doit. Seulement il sera sursis à prononcer sur la validité de la saisie jusqu'après la vérification [1].

Comme pour les titres authentiques, la signification préalable au débiteur n'est pas nécessaire, le signataire ne pouvant pas ne pas le connaître.

SECTION III.

PERMISSION DU JUGE.

Lorsque le créancier ne possède ni titre authentique ni titre privé, il lui reste un dernier moyen : c'est de s'adresser au juge du domicile du débiteur ou à celui du domicile du tiers saisi, pour lui demander, sur requête, la permission de saisir-arrêter. C'est ce que nous dit l'art. 558 C. Pr. Le législateur, dans cet article, se sert du mot *juge*, sans désigner lequel ; quel est donc le juge compétent en notre espèce ?

§ 1. JUGE COMPÉTENT.

Le projet de l'art. 558 portait seulement : « Le juge pourra, sur requête, permettre la saisie-arrêt ». Comme la saisie-arrêt est un acte des plus urgents, le Tribunal voulait que tout juge, quel qu'il fût, pût l'autoriser. Aussi

---

[1] *Sic* Roger, 51, 131. — Dalloz, *Saisie-arrêt*, 49 et 81. Voir en note Bruxelles, 12 décembre 1815. — Bioche, *Dict. de Procédure*, 28. — Chauveau sur Carré, 1927.

ce ne fut qu'après une proposition tendant à donner ce droit à tout président de première instance, qu'on adopta la rédaction actuelle [1]. Nous devons donc entendre le mot juge en ce sens, le président du tribunal de première instance ou son suppléant.

La doctrine admet généralement que ce droit de permettre la saisie-arrêt est également accordé au président du tribunal de commerce en matière commerciale. De prime abord, en présence du texte de l'art. 558 et de l'interprétation que nous venons de donner du mot juge, en présence de ce principe que la saisie-arrêt est une voie d'exécution vis-à-vis du débiteur (les juges consulaires ne pouvant connaître de l'exécution de leurs jugements), on se demande si l'opinion de la majorité de la doctrine est soutenable. Mais l'art. 417 C. Comm., qui permet au président du tribunal de commerce de faire saisir les effets mobiliers lorsqu'il y a urgence, doit lever tous les doutes et nous fait penser que c'est avec raison que l'on admet généralement la compétence de ce magistrat consulaire pour permettre une saisie-arrêt en matière commerciale [2].

En est-il de même pour le juge de paix dans les limites de sa compétence ? En s'appuyant sur l'art. 10 de la loi du 25 mai 1838, on admet que le juge de paix peut permettre de saisir-arrêter. Et c'est avec raison, puisque, aux termes de l'article que nous venons de citer, il peut autoriser une saisie-gagerie. Du reste, si l'on étend l'art. 558 C. Proc. aux présidents des tribunaux de

---

[1] Locré, *Esprit du C. de Proc.*, 2, pag. 453.
[2] Roger, 111. — Dalloz, *Saisie-arrêt*, 111. — Chauveau sur Carré, art. 558. — Paris, 26 janvier 1861. D. P. 61, 2, 158. — Aix, 25 janvier 1877. D. P. 78, 2, 216.

commerce, nous ne voyons pas pourquoi les juges de paix ne pourraient autoriser des saisies-arrêts dans les limites de leur compétence [1].

Donc, les présidents des tribunaux de commerce et les juges de paix, chacun dans les limites de leur compétence, et les présidents des tribunaux de première instance, en tout état de cause, peuvent, sur requête, permettre une saisie-arrêt, sauf, bien entendu, pour les deux premiers à porter la demande en validité de saisie devant le tribunal civil compétent.

§ 2. Formalités et pouvoirs du juge.

Le créancier non muni de titre, auquel la permission du juge est nécessaire pour pouvoir saisir-arrêter, doit présenter à ce dernier une requête dans laquelle il expose la nature de la créance, démontre les nécessités de la poursuite, et élit domicile dans le lieu où habite le tiers saisi, s'il n'y est domicilié. A cette requête il doit joindre toutes les pièces susceptibles d'éclairer le juge sur le quantum de la créance, dont ce dernier est tenu de faire l'évaluation provisoire, aux termes de l'art. 559 C. Proc., s'il autorise la saisie-arrêt.

La requête présentée, quels sont les droits du président ? Si la créance ne lui semble pas certaine et évidente, si les droits du poursuivant ne lui paraissent pas reposer sur des bases indiscutables, il peut et il doit refuser l'autorisation. En effet, l'art. 558 C. Proc. est conçu en

---

[1] Chauveau sur Carré, 4, 569. — Bonnier, Comm. sur l'art. 558. — Dalloz, 112. — Roger, 112. — Bioche, 30. — Jug. du juge de paix de Caen du 26 avril 1842 (Bull. jud. la Presse du 20 mai 1842, pag. 489). Contrà Pigeau, 2, 153. — Rodière, 3, n° 289.

termes facultatifs et, l'ordonnance qu'il rend sur requête étant un acte du juridiction gracieuse, son pouvoir est absolu[1].

Contre un refus d'autorisation, quels sont le droit et le pouvoir du créancier ; doit-il s'incliner ou a-t-il une voie quelconque de recours ? Les auteurs sont divisés sur ce point : Les uns refusent tout recours parce que, disent-ils, l'acte du président est un acte de juridiction gracieuse et que les principes s'opposent à ce qu'un acte de cette nature soit soumis au moindre contrôle[2].

Les autres se sont élevés contre ce système et soutiennent qu'au contraire le poursuivant a un recours devant le Tribunal et la Cour en appel, en se basant sur ce qu'il serait injuste qu'un créancier auquel la loi impose l'obligation d'obtenir une autorisation se vît refuser ce permis sans qu'aucun recours fût ouvert contre cette fin de non-recevoir[3].

La première opinion nous paraît seule admissible, car on ne saurait faire prévaloir un argument d'équité sur ce principe généralement admis, que les actes de juridiction gracieuse, parmi lesquels se trouve l'ordonnance à suite de requête en demande d'autorisation de saisie-arrêt, ne sont susceptibles d'aucun recours[4].

Mais, d'un autre côté, quels sont les droits du débiteur

---

[1] Chauveau sur Carré, 1931. — Roger, 141. — Dalloz, 127. — Cass., 12 mars 1872. D. P. 73, 5, 58.

[2] Chauveau sur Carré, 1932.—Metz, 12 novembre 1850. D. P. 51, 2, 163. — Paris, 6 août 1866. D. P. 67, 2, 65. — Paris, 23 mars 1867. D. P. 67, 2, 66. — Paris, 31 juillet 1871. D. P. 71, 2, 241.

[3] Pigeau, 12, pag. 157. — Boncenne, 2, 162.

[4] Tout ceci ne s'applique point au président du tribunal de commerce, puisqu'aux termes de l'art. 417 Proc. Civ. ses ordonnances sont exécutoires nonobstant opposition ou appel.

dont le créancier vient d'obtenir une ordonnance lui permettant de saisir-arrêter à son préjudice ? Peut-il attaquer l'ordonnance ? Cette question, connexe à la précédente, est comme elle soumise à de vives controverses[1]. L'opposition étant une voie de droit commun qui nécessite un texte formel pour ne pouvoir être exercée, et le saisi souffrant un préjudice qu'il doit avoir le droit de faire écarter, ce dernier peut parfaitement former opposition devant le Tribunal. Telle est l'opinion de quelques auteurs[2].

En nous basant toujours sur ce même principe, à savoir : que l'ordonnance est un acte de juridiction gracieuse non susceptible de recours, nous refusons ce droit au débiteur saisi. Libre à lui de réclamer ultérieurement des dommages s'il subit injustement un préjudice[3].

De son côté, la jurisprudence présente la plus grande divergence. Des arrêts admettent, tantôt que le débiteur saisi peut faire opposition[4], tantôt que, sans s'adresser au Tribunal, il peut de plano faire appel[5], ou bien qu'il ne le peut sans que la voie de l'opposition soit épuisée[6]. Enfin l'opinion qui paraît aujourd'hui prévaloir, est que l'ordonnance n'est susceptible ni d'opposition ni d'appel[7].

[1] En pratique le débiteur, ou bien attend l'assignation en validité et presse l'audience, ou bien assigne le saisissant devant le Tribunal pour voir ordonner main-levée.
[2] Boncenne, *Théorie de la Proc.*, 2, 162. — Favard, 1, 146. — François Roger, 119.
[3] Augt. Roger, 149 ter. — Chauveau sur Carré, 1932.
[4] Bruxelles, 23 octobre 1816, D. *Saisie-arrêt*, 122. — Bordeaux, 16 août 1817, D. *Jug. par défaut*, 185.
[5] Bordeaux, 24 août 1829. D. *Jug. par défaut*, 186. — Rouen, 2 février 1811. D. P. 52, 5, 26.
[6] Bruxelles, 28 octobre 1816. — Bordeaux, 16 août 1817, D. *S.-arrêt*.
[7] Montpellier, 7 avril 1851. D. P. 53, 2, 293. — Paris, 15 mars 1856. D. P. 56, 2, 138.

Nous venons d'examiner l'hypothèse où l'ordonnance est rendue purement et simplement ; mais quid de celle où le président y insère qu'il lui en sera référé en cas de difficulté et après avoir entendu le débiteur ? D'abord le président peut-il formuler cette réserve ? Quoique la négative ait été soutenue [1], on admet généralement aujourd'hui qu'il le peut, car le droit absolu conféré par la loi au président, d'autoriser ou de refuser la saisie, renferme évidemment celui de régler l'usage du droit qu'il confère. Cette condition de lui en référer en cas de difficulté, n'étant pas contraire à la loi et étant commandée le plus souvent par la nécessité d'une bonne justice, est donc permise aux présidents [2].

Ceci posé, quelle est la partie de cette réserve mise dans une ordonnance, et quels sont les droits du saisissant et du saisi ? La permission, une fois accordée, constitue un droit acquis en faveur du saisissant, droit irrévocable que le président ne peut annihiler de sa propre autorité. Cette réserve par lui insérée n'aurait donc pour but, d'après cette opinion, que de lui permettre de prononcer sur certains incidents et d'ordonner des mesures conservatoires [3].

Ajoutons que la jurisprudence penche actuellement à admettre, avec l'opinion contraire, que si l'on reconnaît au président le droit de faire des réserves, on ne saurait lui refuser celui de revenir sur sa première décision [4].

---

[1] Lyon, 25 avril 1856. D. P. 57, 2, 5.

[2] Lyon, 6 mai 1861, D. P. 61, 2, 113.

[3] Lyon, 25 avril 1856. D. P. 57, 2, 5. — Montpellier, 26 décembre 1870. D. P. 72, 2, 227.

[4] Lyon, 6 mai 1861 D. P. 61, 2, 113. — Paris, 6 août 1866. D. P. 67, 2, 65, 67. — Paris, 30 avril 1870. D. P. 71, 2, 83. — 6 février 1872. D. P. 72, 2, 18.

Il y a également controverse sur le point de savoir jusqu'à quel

Certains présidents évitent, avec raison, toutes ces difficultés en exigeant que dans la requête en demande de saisie-arrêt le créancier offre lui-même de lui en référer en cas de difficulté.

Il est alors saisi comme juge des référés par la délégation des parties, et dès lors on peut relever appel de cette ordonnance qu'il rend en cette qualité.

Selon nous, le droit du président ne va pas jusqu'à donner main-levée, car il est hors de ses attributions de statuer sur la demande en validité ou en main-levée, attribution que la loi n'accorde qu'au Tribunal du domicile de la partie saisie [1].

Nous avons précédemment vu qu'on dénie au demandeur le droit de se pourvoir contre le refus du président, de l'autoriser à pratiquer une saisie-arrêt. A cette question se rattache la suivante, qui est très vivement controversée : Les parties en cause ont-elles une voie de recours si le président modifie ou rétracte sa première décision

---

moment de la procédure ce droit du président de modifier ou de rétracter son ordonnance peut se produire. D'après un premier système, le président le peut jusqu'au moment où la saisie-arrêt n'a pas été pratiquée. Montpellier, 7 avril 1851. D. P. 55, 2, 293. D'après un deuxième, jusqu'à l'assignation en validité, et ce, dit-on, parce qu'une fois qu'il y a assignation en validité, le Tribunal est saisi et le président ne peut le dessaisir de sa propre autorité. Paris, 11 mars 1870. D. P. 71, 2, 86. — Lyon, 16 décembre 1871. D. P. 71, 2, 131. — Alger, 29 avril 1872. D. P. 72, 2, 227. D'après un troisième, jusqu'au jugement de validité, parce que ce n'est qu'à ce moment-là qu'une transformation s'opère réellement. Paris, 31 juillet 1871. D. P. 71, 2, 244. — Paris, 19 février 1872. D. P. 72, 2, 228. Enfin, d'après un quatrième système, jusqu'au moment où le saisi a renoncé à son droit de référé. Paris, 6 août 1866 et 23 mars 1867. D. P. 67, 2, 65 et 66.

[1] Chauveau sur Carré, 1931. — Contrà Debelleyme, Ordonn. sur requête et sur référé, 1, 135.

par une ordonnance nouvelle ? On a soutenu que cette deuxième ordonnance est complètement distincte de la première, qu'elle constitue un véritable référé ; que dès lors elle est susceptible d'un pourvoi quelconque, puisqu'elle ne rentre point dans le pourvoi discrétionnaire du président [1].

Mais comme, au fond, quel que soit le terrain sur lequel on se place, il y a connexité entre cette question et celle qui s'est élevée au sujet du droit de recours des parties contre la première ordonnance, nous pensons, comme nous l'avons décidé pour la première, que la seconde ordonnance de rétractation ou de modification n'est susceptible ni d'opposition ni d'appel, puisqu'elle dérive du même pouvoir discrétionnaire [2].

Toutes ces difficultés rendent donc la tâche du juge des

---

[1] Paris, 30 avril 1870. D. P. 71, 2, 85. — Montpellier, 26 décembre 1870. D. P. 72, 2, 227.

[2] *Sic* Montpellier, 7 avril 1854. D. P. 55, 2, 293. — Paris, 31 juillet 1871. D. P. 71, 2, 214. — 22 décembre 1876. D. P. 78, 216. — 20 juillet 1880. Ajoutons toutefois que cette interprétation doit être restreinte au cas où le président se maintient dans le cercle de ses attributions (858, C. Pr.), et qu'un pourvoi, l'appel par exemple, serait possible s'il avait ordonné la main-levée de la saisie.

Dans cette partie, où toute question posée soulève une controverse, ceux qui déclarent qu'en principe un recours des parties est possible, ne s'entendent pas. Ainsi, des arrêts admettent l'opposition ou la tierce opposition devant le président. Aix, 3 mars 1871. D. P. 72, 2, 41. — Bourges, 13 mars 1872. D. P. 72, 2, 206. D'autres penchent pour le concours de l'appel avec l'opposition devant le Tribunal. Bastia, 22 mars 1854. D. P. 55, 2, 13. On est allé jusqu'à prétendre qu'au cas d'excès de pouvoir les ordonnances étaient susceptibles d'un recours en cassation. Enfin M. Bertin, *Ordonnances sur requêtes*, n° 112 et suiv., distingue entre l'ordonnance elle-même et la mesure qu'elle autorise ; l'ordonnance est irrévocable et la mesure autorisée est attaquable devant le Tribunal. *Sic* Pau, 30 mai 1870, D. P. 71, 2, 84. — Troplong, *Don. et test.*, 1816. — Demolombe, *Don. et test.*, 4, n° 511 et suiv.

plus délicates; aussi, en présence du silence des textes, on ne peut que penser que le législateur a dû s'en rapporter à la prudence du président, qui doit, aidé des principes généraux, examiner la situation personnelle du saisissant et du saisi, les présomptions pour ou contre, le quantum de la dette et le degré de solvabilité des parties.

SECTION IV.
QUALITÉS QUE DOIT AVOIR LA CRÉANCE.

Nous venons de voir que pour pouvoir saisir-arrêter il faut un titre ; mais la possession de ce titre n'établit point d'une façon indéniable que le porteur est actuellement créancier ; aussi, en se basant sur les principes généraux du droit, corroborés par les art. 551 et 557 du Code de Procédure, nous devons ajouter que pour permettre la saisie-arrêt la créance doit être *certaine, liquide et exigible.*

I. La créance doit être certaine, c'est-à-dire existant réellement et incontestable au moment même de la saisie. Mais, ainsi que le dit Roger, « en exigeant qu'une créance soit incontestable pour servir de base à une saisie-arrêt, le législateur ne dit pas que la créance doit être incontestée. S'il suffisait de contester, tout débiteur le ferait, et la saisie ne serait jamais possible. » Mais il faut qu'il n'y ait pas de contestation sérieuse ; c'est aux magistrats, du reste, à apprécier.

II. Elle doit être liquide, c'est-à-dire parfaitement déterminée dans son quantum, afin que le saisi puisse savoir ce qu'on lui réclame, et faire des offres réelles s'il le juge à propos (art. 551.C. Proc.). Mais, en notre matière, le législateur n'exige pas la liquidité actuelle de la créance, car, aux termes de l'art. 559, si la créance n'est pas liquide, une évaluation provisoire en sera faite par le président. Le créancier peut donc, malgré la non-liquidité de sa créance, faire procéder à une saisie-arrêt, après avoir provisoirement fait statuer par le juge sur la quotité de la dette.

III. Enfin, la créance doit être exigible, ce qui est l'application, à notre matière, du principe émis par l'art. 1186 du Code Civil, à savoir : que le créancier ne peut se faire payer tant que le terme n'est pas échu. A moins que le terme ne soit stipulé en faveur du créancier ou bien que le débiteur ne tombe en déconfiture ou ne diminue les sûretés données par le contrat [1] (1188 C. Civ.).

D'après M. Roger, outre les trois caractères essentiels que nous venons de citer, il faut que la créance résulte d'un rapport direct entre le créancier et le saisi, ou entre leurs auteurs ; il faut, de plus, qu'elle oblige personnellement le saisi. Ainsi, le tiers détenteur d'un immeuble hypothéqué n'étant pas un débiteur personnel du créancier, ce dernier ne peut saisir-arrêter entre les mains des débiteurs de ce tiers détenteur ; son droit se borne à faire vendre les immeubles grevés [2].

Ces principes une fois posés, passons à l'étude de quelques difficultés.

---

[1] Remarquons qu'il faut pour cela que les sûretés aient été exigées dans le contrat et que le débiteur les ait fait perdre ou ne les ait pas fournies.

[2] N'oublions pas qu'on peut saisir-arrêter entre les mains des fermiers après la sommation de l'art. 2176 C. Civ.

La saisie-arrêt peut-elle être exercée en vertu d'une créance conditionnelle ?

Si l'on peut dire avec raison : Qui a terme ne doit rien, c'est-à-dire ne peut-être saisi, *à fortiori* en est-il de même pour la créance conditionnelle, qui non seulement n'est pas exigible, mais encore n'existe même pas tant que la condition ne s'est pas réalisée [1]. Dès lors, si *pendente conditione* on pratique une saisie-arrêt, elle peut être annulée, même si la condition se réalise pendant l'instance en validité. Si le débiteur paraît de prime abord n'avoir aucun intérêt à cela (le créancier dont la saisie-arrêt vient d'être annulée pouvant saisir de nouveau), on s'aperçoit bientôt qu'en payant tout de suite les frais ne sont point à sa charge.

On a essayé de soutenir que le créancier conditionnel pouvait saisir-arrêter en se basant sur l'art. 1180 du Code Civil, qui l'autorise à exercer tous les actes conservatoires de son droit. L'argument invoqué n'a pas de portée, non seulement pour nous qui pensons que la saisie-arrêt est un acte d'exécution vis-à-vis du débiteur saisi, mais encore pour les partisans des opinions contraires. En effet, quoique l'on déclare la saisie-arrêt mesure conservatoire, elle n'en exige pas moins, aux termes de l'art. 557 Pr. Civ., la qualité de créancier ; or, cette qualité existe-t-elle au profit du créancier conditionnel ? Évidemment non, puisque son droit n'est pas encore né.

---

[1] Nous ne parlons que des conditions suspensives ; dans la condition résolutoire, le contrat est pur et simple, c'est sa résolution qui est conditionnelle.

Ajoutons que le créancier conditionnel ne peut agir, à moins qu'il n'y ait des poursuites exercées par d'autres créanciers. Roger, 53. — Pigeau 2, 150. — Rodière, 3, 289.

Quant au terme de grâce accordé par les tribunaux, on pense généralement qu'il ne met pas obstacle à la saisie-arrêt. Puisqu'il est accordé à cause de l'impossibilité présumée où se trouve le débiteur de payer ce qu'il doit, si le créancier découvre un moyen de se faire payer en agissant sur des objets détenus par un tiers, cette présomption tombe. De plus, comme il ne met pas obstacle à la compensation, on ne sait pas pourquoi il en serait autrement en matière de saisie-arrêt.

Malgré ces arguments, qui ont leur valeur, nous croyons qu'il est préférable d'adopter le principe émis par un jugement du tribunal civil de la Seine du 23 juin 1883 (*Gazette des Trib.* du 13 août 1883), qui déclare que, la saisie-arrêt étant un acte d'exécution qui immobilise des fonds entre les mains d'une tierce personne et qui entraîne nécessairement une continuation de poursuites en opposition formelle avec l'art. 1244 C. Civ., on ne saurait permettre à un créancier d'agir contre son débiteur avant l'expiration des délais accordés par jugement.

Quid de la saisie-arrêt faite en vertu d'une créance qu'on prétend résulter d'un compte à régler entre parties ? Cette saisie-arrêt serait nulle, et ce, en vertu des principes qui ne permettent point de saisir pour une créance incertaine ; or ici, jusqu'à la liquidation, on ne sait qui sera créancier ou débiteur [1]. Mais cela n'est exact que tout autant que l'existence de la dette elle-même est en jeu ; s'il y a doute seulement sur sa quotité, le jugement qui a ordonné le compte déclarant telle personne débitrice,

---

[1] Nîmes, 18 juin 1850, D. P. 50, 2, 158. — Limoges, 6 août 1869, D. P. 61, 5, 453. — C. Cass. 22 juin 1870, D. P. 71, 1, 59. — 22 août 1871, D. P. 71, 1, 228.

il est évident qu'elle ne peut plus s'appliquer et que nous rentrons dans le cas de l'art. 559 C. Proc.

Il existe toutefois quelques décisions qui, en notre espèce, ont déclaré la saisie-arrêt valable; mais elles ont été toutes déterminées par des circonstances particulières [1].

[1] Caen, 20 août 1817. D. P. 19, 2, 21. — Pau, 24 avril 1858. D. P. 60, 2, 41.

CHAPITRE III.

Quelles choses peut-on saisir-arrêter?

PREMIÈRE SECTION.

CHOSES SAISISSABLES.

La saisie-arrêt ne peut porter que sur une partie du patrimoine d'une personne ; sur les effets mobiliers, et encore parmi les effets mobiliers, ne peut-elle atteindre que ceux qui ne sont pas entre les mains du débiteur. Ce ne sont donc que toutes les sommes ou effets mobiliers d'un débiteur, qui lui sont dus et qui sont détenus, qui peuvent être frappés par la saisie-arrêt entre les mains de tiers débiteurs ou détenteurs : telle est la règle générale.

Mais il faut, outre cette condition, que les biens d'un débiteur présentent certains caractères pour être saisissables. Ils doivent : 1° être disponibles, non affectés à une destination qui rendrait la saisie-arrêt impossible et appartenir au débiteur; 2° ne pas avoir été déclarés insaisissables par une disposition législative, par nature ou par ordre public ; 3° ne pas avoir fait l'objet, de la part du créancier, d'une renonciation expresse ou tacite à son droit de saisie-arrêt.

Passons à l'étude de ces divers caractères.

Il est évident que pour pouvoir saisir-arrêter un objet au préjudice de son débiteur, il faut que cet objet soit la propriété de ce dernier.

Mais en quel sens devons-nous entendre le mot *appartenant*, de l'art. 557 Proc.? faut-il que les objets appartiennent au saisi au moment où l'on pratique la saisie-arrêt, ou bien suffit-il que son droit soit acquis, et qu'à une époque déterminée ils deviennent sa propriété?

Sans aller à l'encontre des principes que nous avons admis, nous croyons qu'il faut entendre notre article dans le sens le plus large, et que c'est avec raison que la jurisprudence valide journellement des saisies-arrêts portant sur des loyers ou fermages futurs devant courir d'après les termes du bail, des arrérages à venir d'une rente, des récompenses éventuelles du mari et de la femme, des gages ou salaires à échoir [1].

Mais la saisie-arrêt ne sera valable que si le tiers saisi ne se retranche pas derrière la règle de l'art. 2279 C. Civ.; en fait de meubles, possession vaut titre.

Les biens mobiliers doivent en outre être disponibles et non antérieurement affectés à une autre destination, soit par le débiteur, soit par la loi. Cette disponibilité peut être partielle, par exemple si le débiteur a donné l'objet en gage; car s'il reste propriétaire de l'objet et si le créancier peut le saisir, il ne le peut qu'en tenant compte des droits du créancier gagiste.

Au contraire, sont insaisissables, par exemple, des titres remis à un agent de change pour couverture d'opérations de bourse, avec faculté de les vendre pour se payer de la différence [2]. Il en est de même pour les

---

[1] Trib. de la Seine, 18 janvier 1879. — *Gazette des Trib.*, 26 février 1879. — Cass., 22 novembre 1853. D. P. 53, 1, 321.

[2] Paris, 16 juillet 1851. D. P. 52, 2, 93. — C. Cass., 27 janvier 1852. D. P. 52, 1, 291.

fruits de l'immeuble donné à titre d'antichrèse, qui ne peuvent être saisis par les créanciers chirographaires du cédant au préjudice de l'antichrésiste[1], et pour une somme déposée en mains tierces par le débiteur pour servir de payement à des ouvriers.

Les loyers et fermages, à partir de la transcription de la saisie immobilière, sont également insaisissables et doivent être distribués avec le prix de l'immeuble aux créanciers hypothécaires.

D'un autre côté, certains objets sont insaisissables par leur nature, par exemple objets hors du commerce, ou par des principes d'ordre public, papiers de famille, lettres[2]. La loi prohibe également la saisie de certains objets, certaines créances, ainsi que nous le verrons plus loin.

Enfin, le droit de saisie ne peut être exercé lorsqu'une convention est intervenue entre le débiteur et son créancier, aux termes de laquelle ce dernier s'engage à ne pas saisir tels ou tels objets. Cette renonciation peut même être tacite, et résulter par exemple du consentement donné par le créancier, avant la saisie, à la vente des marchandises.

Donc, tous les objets corporels ou incorporels non affectés d'indisponibilité, soit par leur nature ou la loi, soit par une renonciation du créancier, peuvent faire l'objet d'une saisie-arrêt; tel est le principe.

Ainsi, les actions, dans les Compagnies financières et industrielles, sont soumises à notre voie d'exécution ; c'est même la seule possible en présence du silence du

---

[1] Dalloz, n° 45.
[2] Avis du Conseil d'État du 13 mars 1874.

C. de Proc., qui n'en a rien dit, par suite de leur peu d'importance lors de sa rédaction [1]. Il en est de même des brevets d'invention, en se servant des formes nécessaires pour les saisies-arrêts faites ès-mains des fonctionnaires publics. Les droits d'auteur peuvent de même être saisis-arrêtés, etc., etc.

En matière de succession ordinaire, tout créancier du *de cujus* a le droit de saisir-arrêter les sommes dues à la succession. Comme, aux termes de l'art. 1014 du C. Civ., les légataires ont un droit acquis, transmissible à leurs héritiers, et dont ils peuvent disposer, nous pouvons en déduire que les créanciers des légataires peuvent sauvegarder leurs droits en pratiquant une saisie-arrêt entre les mains des débiteurs de la succession.

Il en est de même au cas de succession bénéficiaire, car nous avons vu que l'héritier bénéficiaire est un véritable débiteur qui peut dissiper les valeurs de la succession [2]. Ce dernier, du reste, a le droit, de son côté, de jeter une saisie-arrêt pour sûreté et avoir payement de ce que des tiers doivent à la succession.

Au cas de dépôt, comme la compensation ne peut jamais se produire, le dépositaire et même son cessionnaire ne peuvent saisir entre leurs mains les objets déposés [3]. Si une chose a été volée, prêtée à usage, la saisie-arrêt est impossible par le même motif.

En examinant les diverses sociétés conjugales, nous voyons que sous le régime dotal, la dot mobilière étant

[1] En pratique, après le jugement de validité, le tribunal règle le mode de vente de ces créances, ordonnée le plus souvent par devant notaire.
[2] Les créanciers ne peuvent, en principe, pratiquer une saisie-arrêt sur ses biens personnels, l'a.t. 803 C. Civ. ne le permettant que dans certains cas.
[3] 1293, C. Civ. — Roger, 202. — Dalloz, 16.

inaliénable, même avec l'autorisation du mari, les créanciers postérieurs au mariage ne peuvent la saisir. Quant aux revenus de la dot mobilière ou immobilière, comme ils sont destinés à subvenir aux besoins du ménage, ils ne sont saisissables par les créanciers du mari que pour le superflu [1]. Ceux de la femme ne peuvent même saisir cet excédent, puisqu'il est la propriété du mari.

Mais la femme s'est engagée seule avec l'autorisation de son mari, il intervient ensuite une séparation de biens ou une dissolution du mariage ; les créanciers peuvent-ils saisir l'excédent de ses revenus [2] ? Puisque cet excédent était saisissable entre les mains du mari antérieurement à la séparation de biens ou dissolution du mariage, on ne voit pas pourquoi la femme ne pourrait pas également, avant séparation de biens et pendant le mariage, engager cet excédent qui est disponible entre ses mains, comme avant en celles du mari. Telle est l'opinion de certains auteurs [3], et nous ne pouvons l'admettre, car l'essence même du régime dotal est de permettre à la femme, après séparation de biens ou dissolution du mariage, de retrouver sa dot avec ses revenus quittes et libres de toutes charges [4].

[1] Rodière et Pont, III, 1711.—Marcadé, 1551.—Aubry et Rau, 553.

[2] Il est généralement reconnu que, même après séparation de biens ou dissolution du mariage, les revenus des immeubles dotaux ne peuvent être saisis en totalité pour le payement des dettes contractées antérieurement par la femme.

[3] Troplong, IV, 3392.—Marcadé, 1551.—Massé et Vergé, 1, 238.—Paris, 7 mars 1851. D. P. 51, 2, 195.

[4] Aubry et Rau, V, 609.—Rodière et Pont, III, 1765.—Roger, 107.—Cass., 12 août 1847, D. P., 47, 1, 322.—Cass., 13 janvier 1851. D. P. 51, 1, 83. La doctrine et la jurisprudence ont même décidé que les objets livrés par le mari à la femme en payement de reprises dotales ne peuvent être saisis même par les créanciers postérieurs à la séparation

Si au contraire les dettes de la femme sont postérieures à la séparation de biens ou dissolution du mariage, les créanciers peuvent saisir l'excédent[1].

Comme la femme a l'administration de ses paraphernaux, les biens mobiliers ayant cette qualité peuvent être saisis pour dettes antérieures au mariage ou contractées pendant sa durée avec autorisation.

Sous le régime sans communauté, les meubles fongibles de la femme pourront être saisis par les créanciers du mari, car celui-ci en est usufruitier; le mobilier non fongible ne pourra l'être que pour des créances de la femme ayant date certaine antérieure au mariage, et pour la nue propriété seulement.

Le régime de séparation de biens établissant une distinction absolue entre le patrimoine du mari et celui de la femme, les époux ne peuvent par conséquent être poursuivis que par leurs créanciers respectifs. On pourra donc pratiquer des saisies-arrêts au préjudice de la femme pour les obligations contractées par elle sans autorisation, mais seulement lorsque la dette aura pour objet et pour résultat l'administration de ses biens (art. 1449-1536 C. Civ.).

S'il y a régime de communauté légale, les créanciers de la communauté, ceux de la femme agissant comme mandataire du mari (1420 C. Civ.) et ceux du mari, peuvent saisir-arrêter les biens mobiliers tombés en commu-

---

des biens, qu'à la condition d'en défalquer la partie de la dot mobilière qu'ils représentent. La saisie-arrêt ne serait donc, en ce cas, valable que déduction faite de cette partie. *Sic* Aubry et Rau, V, 622. — Marcadé, art. 1553.

[1] Rolière et Pont, II. — Marcadé, Cass., 31 août 1847. D. P. 17, 1, 293.

nauté. Il en est de même pour les dettes antérieures au mariage et ayant date certaine, pour celles contractées par la femme pour tirer son mari de prison (1427 C. Civ.) ou avec autorisation de ce dernier. Les revenus des propres er mains tierces sont également saisissables.

Au cas de communauté conventionnelle, s'il y a clause de réalisation, comme chacun des époux reste propriétaire des meubles réalisés, les créanciers du mari, de la femme et de la communauté ne pourront saisir que le mobilier fongible, qui seul est tombé en communauté.

Pourrait-on saisir-arrêter à l'encontre d'un débiteur failli? Oui; mais la saisie-arrêt commencée après la faillite serait annulée conformément à l'art. 443 du C. de Comm., qui défend à tout créancier, une fois la faillite déclarée, de se faire une situation préférable à celle des autres. Il faut donc que le jugement de validité ait acquis l'autorité de la chose jugée avant la déclaration de faillite, pour qu'il sorte à effet [1].

Si le jugement est intervenu dans la période fatale qui a précédé la faillite et pendant laquelle tous actes consentis par le failli sont annulés, nous distinguerons. Le saisissant connaissait la situation de son débiteur, son état de cessation de payement : en ce cas, le jugement de validité est annulable. Au contraire, il ignorait tout : le jugement doit alors sortir à effet, car il n'y a pas eu fraude de la part du saisissant [2].

Tout créancier, cela va sans dire, peut former une saisie-arrêt ès-mains du syndic, pour avoir payement des

---

[1] Cass., 20 novembre 1860. D. P. 60, 1, 173.
[2] 447 C. Comm. — Paris, 18 août 1860. D. P. 60, 5, 417. — Cass., 9 juin 1869. D. P. 72, 5, 396.

sommes qui pourraient revenir à son débiteur dans la faillite.

Il nous est impossible de passer en revue les diverses situations pouvant donner lieu à saisie-arrêt en matière de contrat de mariage, vente, société, cession, etc., car un pareil travail dépasserait, et de beaucoup, la tâche que nous nous sommes imposée ; c'est pourquoi, après avoir posé les principes qui doivent guider sur le point de savoir si une chose est ou non susceptible d'être saisie-arrêtée, nous allons terminer cette section par l'examen de quelques questions principales qui peuvent offrir certaines difficultés.

La part indivise d'un cohéritier dans une succession est-elle susceptible de saisie-arrêt ? On ne peut que répondre affirmativement (sauf à faire déterminer le *quantum* avant la déclaration affirmative du tiers saisi comme au cas de l'art. 882 C. Civ.), car, tout indéterminée que soit la portion revenant à ce cohéritier, ce dernier a cependant le droit de la céder et de la vendre. Mais l'effet en est subordonné au partage [1].

Quelques auteurs ont cependant admis la négative, parce que l'art. 882 C. Civ. offre, selon eux, aux créanciers un moyen conservatoire moins dispendieux que la saisie-arrêt [2]. A cela nous répondons que l'art. 882 C. Civ. a plutôt en vue l'opposition au partage de biens immobiliers, attendu que le créancier peut avoir intérêt à ce que tel ou tel immeuble tombe dans le lot de son débi-

---

[1] Chauveau sur Carré, 1923. — Dalloz, 17. — Roger, 176. — Aubry et Rau, VI, 662. — Pau, 24 avril 1858. D. P. 60, 2, 81.

[2] Larombière, art. 1220. — Pigeau, 2, pag. 26. — Demolombe, 17, 291. — Paris, 3 janvier 1829. — Montpellier, 27 mars 1839, D. *Saisie-arrêt*, 47.

teur, ce qui est constaté par un acte ; tandis que pour des valeurs mobilières, le partage pouvant être fait sans aucun acte, et rien ne le constatant, le créancier ne sera jamais sûr d'être payé s'il n'emploie la saisie-arrêt.

Les fruits de biens de mineurs dont le père a la jouissance légale peuvent-ils être saisis par ses créanciers ? La jouissance légale des biens de ses enfants n'étant accordée au père qu'à charge de subvenir à l'entretien de ceux-ci, il en résulte que l'on ne peut considérer cet attribut de la puissance paternelle comme un usufruit ordinaire pouvant être saisi. Mais si les revenus sont considérables, comme le surplus de ce qui est nécessaire aux enfants reste à la libre disposition du père, la doctrine admet que l'on peut saisir-arrêter cette portion[1].

Nous pensons de même que, pendant la minorité des enfants, les créanciers du prix d'objets nécessaires à l'entretien de la famille peuvent pratiquer une saisie-arrêt entre les mains des débiteurs des enfants qui travaillent séparément pour leur propre compte. Ces mêmes créanciers ne le peuvent au préjudice du père que tout autant que ses enfants ont des biens soumis à l'usufruit légal, mais insuffisants pour les entretenir.

Une personne peut-elle pratiquer une saisie-arrêt au préjudice de son débiteur et en son nom contre le débiteur de son débiteur ? *Primus*, créancier de *Secundus*, peut-il saisir-arrêter entre les mains de *Quartus*, débiteur de *Tertius*, ce dernier étant débiteur de *Secundus* ? Comme le saisissant n'est pas ici personnellement créancier du saisi et que la procédure serait des plus compliquées, une par-

---

[1] Aubry et Rau, VI, 81.—Demolombe, VI, 528.—Marcadé, art. 385.

tie de la doctrine répond négativement à cette question[1]. Elle repousse en outre, en cette espèce, l'application de l'art. 1166 C. Civ., et prétend qu'un créancier ne peut exercer directement les droits et actions de son débiteur sans subrogation conventionnelle ou judiciaire.

Nous croyons, au contraire, que l'on doit appliquer ici l'art. 1166 C. Civ. et que la saisie-arrêt est possible sans subrogation judiciaire ou conventionnelle. En effet, l'art. 1166 permet l'exercice des droits et actions du débiteur, non attachés à la personne, sans les soumettre à la moindre formalité d'autorisation de justice ou de consentement du débiteur. L'article dit : *tous les droits et actions*, c'est-à-dire ce que le débiteur peut faire ; pourquoi donc refuser au créancier un droit que le débiteur lui-même pourrait exercer ? M. Chauveau, qui dans son *Traité de Procédure* (n° 1929 bis) était un des plus chauds partisans de la négative, nous dit dans son Supplément (même numéro) : «Je dois reconnaître que la théorie adoptée par la Cour suprême[2] sur la subrogation *ipso jure* du créancier aux droits et actions du débiteur, en vertu de l'art. 1166, autorise ce créancier à prendre, au nom de son débiteur, toutes les voies que le débiteur aurait pu prendre lui-même, comme saisie-arrêt, saisie-exécution, etc. Quoique, en droit rigoureux, cette doctrine m'ait paru contrarier les idées normales de la procédure en général, je ne vois pas d'inconvénient à l'accepter, comme devant éviter des évolutions de procédure, épargner des frais considérés comme inutiles, et faire obtenir

---

[1] Zachariæ, 2, 392. — Chauveau sur Carré, 1929. — Marcadé, art. 1166. — Colmet de Santerre, V. 81 *bis*.

[2] La Cour de Cassation a pleinement adopté la théorie que nous soutenons dans l'arrêt suivant : C. Cass., 23 janvier 1819, D. P. 49, 1, 42.

au créancier une satisfaction plus prompte sans que personne soit lésé; car il importe peu à un débiteur de satisfaire son créancier, puisqu'il doit et qu'il est obligé de payer[1]. »

En pratique, on met toujours en cause le débiteur afin qu'il ne puisse plus tard prétendre que, n'étant pas partie au procès, ses droits ont été lésés.

Passons maintenant à l'étude des choses saisissables dans certains cas en partie, ou complètement insaisissables.

SECTION II.

DES CHOSES SAISISSABLES DANS CERTAINS CAS OU EN PARTIE SEULEMENT. — DES CHOSES ABSOLUMENT INSAISISSABLES.

Parmi les choses qui en principe sont parfaitement saisissables, il en est toute une catégorie pour lesquelles le législateur, poussé par des motifs d'utilité publique, d'humanité et de justice, a dû restreindre et même prohiber ce droit de saisir-arrêter qu'a tout créancier à l'encontre de son débiteur.

Cette partie n'ayant qu'une importance restreinte, nous allons rapidement passer en revue ces divers objets dans trois paragraphes.

§ 1. DES CHOSES SAISISSABLES DANS CERTAINS CAS SEULEMENT.

1° Les provisions alimentaires adjugées par justice ne peuvent être saisies que pour cause d'aliments (581-582 C. Proc.) lorsque le titulaire de la provision alimentaire

[1] Aubry et Rau, 4, 118. — Demolombe, 25, 101. — Larombière, 1, art. 1166. — Roger, 126. — Bigeau, 2, 151. — Bonnier, *Revue pratique*, 1856, 1, 93. — L'Abbé, *Revue critique*, 1856, pag. 208.

doit les aliments à autre personne, lorsque le créancier a fourni des aliments à celui au profit duquel la provision alimentaire a été adjugée.

Une controverse s'est élevée sur le point de savoir ce que l'on doit entendre par provision alimentaire adjugée par justice ; certains auteurs, donnant un sens large à ces mots, disent qu'il faut entendre, non seulement ce qui est accordé à titre provisoire par les tribunaux au cas de séparation de corps par exemple, mais toute pension alimentaire adjugée par eux. Les pensions réglées à l'amiable étant seules saisissables[1], on a rejeté avec raison cette interprétation, attendu que le mot provisoire, écrit dans la loi, doit lever tous les doutes[2].

2° Les créanciers des matelots ne peuvent former de saisie-arrêt sur leur part de prise maritime et leurs salaires que pour : loyer de maison, subsistances et vêtements qui leur auraient été octroyés du consentement du commissaire à l'inscription maritime, cette avance étant préalablement apostillée sur les registres des gens de mer[3].

3° Les pensions militaires et leurs arrérages ne peuvent être saisis que pour dettes envers l'État, jusqu'à concurrence d'un cinquième et pour les causes prévues par les art. 205 et 206 du C. Civ., jusqu'à concurrence du tiers (loi du 11 et 18 avril 1831).

[1] Duranton, 2, 395.
[2] Dalloz, S.-arrêt, 183. — Roger, 311. — Bioche, 81. — Chauveau sur Carré, 1986. — Rouen, 9 avril 1850. D. P. 50, 2, 137.
[3] Ordonnance 1er novembre 1745. — Décret 2 prairial an XI. — Arrêté du 21 pluviôse an XI. — Décret du 4 mars 1852. Cette ordonnance s'applique à tout marin faisant partie même d'un navire de commerce, aux officiers ou capitaines marins, et aux salaires des pilotes-côtiers. Rouen, 26 mars 1859. D. P. 59, 2, 137.

4° Les pensions civiles ne sont saisissables du vivant du pensionnaire que pour débet envers l'État, ou pour des créances privilégiées, aux termes de l'art. 2101 C. Civ., et ce, jusqu'à concurrence d'un cinquième. Elles peuvent être saisies jusqu'à concurrence d'un tiers dans les circonstances prévues par les art. 203, 205, 206, 207, 214 C. Civ. (loi 9 juin 1853, art. 26). L'État, les tiers de l'art. 2101, et les parents, ces derniers pour aliments, peuvent saisir simultanément.

5° Les sommes et objets disponibles déclarés insaisissables par le testateur ou donateur, ainsi que les sommes ou pensions pour aliments, encore que le testament ou la donation ne les déclare pas insaisissables, ne pourront être saisis que par des créanciers postérieurs à l'acte de donation ou à l'ouverture du testament, et ce, en vertu de la permission du juge et pour la portion qu'il déterminera. En ce cas, le juge doit décider, d'après les circonstances, la situation des parties, la bonne ou mauvaise foi du créancier ; il peut permettre la saisie de la totalité de la somme, si le saisi a des ressources qui lui permettent de subsister 581, 582 C. Proc.

Le juge ne peut retirer l'autorisation donnée, mais il peut l'accorder à un créancier ou la refuser à un autre, ou encore l'accorder sur la même portion à plusieurs créanciers, qui se la partageraient par contribution [1].

La décision qui fixe la portion saisissable est-elle susceptible d'appel ? Non, car c'est un acte de juridiction gracieuse.

Le juge appelé à prononcer sur la validité de la saisie peut, si la position du saisi a changé, augmenter ou

---

[1] Roger, 371. — Chauveau sur Carré, 1990.

diminuer la quotité saisissable, sur requête du saisissant ou du saisi.

6° Enfin les objets énumérés dans l'art. 592 du Code de Procédure, lesquels, sauf ceux spécifiés sous le n° 2, peuvent être saisis pour certaines créances conformément à l'art. 593 du même Code

§ 2. DES CHOSES SAISISSABLES EN PARTIE SEULEMENT.

1° Les traitements militaires ne sont saisissables que pour un cinquième des appointements supérieurs à 600 fr. (lois pluviôse an III et 8-10 juillet 1791, art. 65). Le Ministre de la Guerre décida en 1806 que, si l'intérêt des créanciers l'exigeait, il pouvait, de sa propre autorité, ordonner une retenue plus forte que celle prescrite par la loi de pluviôse (ord. 22 juin 1849 pour la Marine).

Un décret du 1er mars 1854 autorise des retenues du cinquième sur la solde des simples gendarmes pour dettes relatives à la subsistance.

2° Les traitements des fonctionnaires publics et employés civils sont saisissables, aux termes de la loi du 21 ventôse an IX, jusqu'à concurrence d'un cinquième sur les premiers mille francs et au-dessous, du quart sur les cinq mille francs et du tiers sur la portion excédant six mille francs, à quelque somme que le traitement s'élève.

3° Les rentes servies par la caisse des retraites créées par la loi du 18 juin 1850 (art. 5) sont insaisissables jusqu'à trois cents francs.

Ajoutons que le traitement des employés, soit des Compagnies de chemins de fer, soit des particuliers, peut être saisi en totalité [1]. Il en est de même pour la pension de retraite allouée à un ancien employé d'un établissement privé (sauf, bien entendu, stipulation contraire dans l'acte de pension).

Mais cependant la Cour de Cassation a jugé en 1860 que si les juges reconnaissent que les traitements ou pensions des ouvriers ou employés privés ont un caractère alimentaire, ils peuvent les déclarer insaisissables en partie et même en totalité. La Cour de Caen n'a permis la saisie-arrêt que pour une fraction de salaire d'ouvrier et de domestique, et ce, afin d'assurer leur existence [2]. Enfin, un jugement du tribunal civil de Marseille du 8 février 1876 a assimilé les employés privés et ouvriers à ceux de l'État. Mais c'est contestable, car la réduction qu'impose la jurisprudence paraît être laissée à l'appréciation du juge et non limitée ; c'est une faculté et non un devoir.

Ajoutons que pour les employés de l'État, comme la partie insaisissable est déclarée telle pour subvenir aux besoins communs de la famille, la femme et les enfants peuvent saisir cette partie pour avoir payement d'une pension alimentaire [3].

N'oublions pas que les traitements, de quelque nature qu'ils soient, ne sont insaisissables en partie que pendant la vie du titulaire ; une fois décédé, le droit des créanciers porte sur la totalité des arrérages ou du décompte non payé.

---

[1] Douai, 13 mai 1853. D. P. 54, 5, 666. — Bordeaux, 17 et 24 mars 1858. D. P. 59, 2, 6.
[2] Caen, 21 janvier 1869. D. P. 74, 2, 410.
[3] Paris, 18 août 1812. — Dalloz, Saisie-arrêt, 164.

§ 3. Des choses absolument insaisissables.

1° Sont insaisissables les rentes sur l'État français et leurs arrérages. A l'origine, la loi du 24 août 1793, qui créa le grand-livre de la dette publique, permit de les saisir ; mais la loi du 8 nivôse an VI, sur la formation d'un nouveau grand-livre, les déclara insaisissables, et celle du 21 floréal an VII vint confirmer cette insaisissabilité en l'étendant aux arrérages. « Il importait au crédit de l'État, dit cette loi, de faciliter les transferts de la dette publique, en les dégageant des formalités qui tendent à déprimer cette propriété, et il était utile d'adopter ce qui était commandé par l'intérêt général comme par le plus grand avantage des rentiers. » Ce préambule nous montre quels ont été les motifs qui ont poussé le législateur à édicter une insaisissabilité qui aujourd'hui n'a plus sa raison d'être, le crédit de l'État étant complètement établi [1].

Du principe d'insaisissabilité absolue des rentes sur l'État français, il résulte que, malgré la faillite du propriétaire de la rente, les créanciers ne peuvent la saisir. Le failli a la faculté, malgré la déchéance encourue, d'aliéner lesdites rentes dont il est propriétaire, et qu'il aurait même d'une succession à lui échue depuis la faillite [2].

[1] Quoique les lois ci-dessus n'aient visé que le 5 %, qui n'existe plus, et qui alors était la seule rente, elles sont applicables à toutes les rentes actuelles inscrites sur le grand-livre de la dette publique.

[2] *Sic* Cass., 8 mai 1851. D. P. 51, 1, 146. Toutefois un arrêt de la Cour de Cassation a décidé le contraire et permis au syndic d'aliéner des rentes au profit de la masse, en lui faisant opérer le transfert sans saisie préalable et comme mandataire légal du failli. Mais c'est à tort, car cet arrêt a violé la loi, qui, quoique critiquable, n'en proclame pas moins, sans distinction aucune, l'insaisissabilité des rentes sur l'État. Cass., 8 mars 1859. D. P. 59, 1, 115.

Une fois le prix de la vente des titres de rente passé en mains tierces, le principe cesse, et les syndics peuvent alors saisir-arrêter le prix de la vente entre les mains de l'agent de change [1].

Comme conséquence de ce même principe, rien ne peut empêcher que la rente laissée par le *de cujus* ne soit immatriculée au nom de l'héritier, peu importe que la succession ou l'héritier soient insolvables. Aussi les créanciers d'une succession bénéficiaire ne peuvent saisir-arrêter une rente sur l'État dépendant de la succession et empêcher que cette rente ne soit immatriculée ou vendue au nom de l'héritier. Mais, dans tous les cas, l'héritier encourt alors une responsabilité personnelle vis-à-vis des créanciers, notamment l'héritier bénéficiaire, qui doit leur rendre compte de ces rentes, comme de toutes les autres valeurs [2].

Enfin ce principe est tellement absolu que, même pour pension ou créance alimentaire, les rentes sur l'État français sont insaisissables.

On doit reconnaître qu'actuellement ce principe d'insaisissabilité crée un véritable abus qui réclame impérieusement une réforme de la part du législateur. Si l'on veut maintenir la protection accordée par la loi au crédit de l'État, qu'on déclare les rentes insaisissables en tout ou en partie dans certains cas seulement, mais qu'on ne laisse pas subsister dans toute sa rigueur un principe qui permet la fraude, qui fait qu'un débiteur de mauvaise foi peut se soustraire impunément aux obligations par lui

[1] Paris, 30 juillet 1853. D. P. 51, 2, 70.
[2] Paris, 22 novembre 1855. D. P. 56, 2, 269.— Paris, 19 juin 1856. D. P. 57, 2, 194. Il en est de même au cas de séparation de patrimoine. Paris, 16 décembre 1848. D. P. 49, 2, 121.

contractées, enfin qui met obstacle à ce qu'un père, une mère, des enfants, puissent agir sur les rentes de leurs enfants ou de leur père pour cause d'aliments.

Aussi la jurisprudence a-t-elle fait ou plutôt cherché à faire ce que l'équité lui commandait. Selon son habitude, ne voulant pas enfreindre la loi, elle l'a tournée. Et certaines tribunaux, la Cour de Cassation même, ont permis le transfert de rentes appartenant à un failli, donné l'autorisation à une femme séparée de biens et pourvue d'un conseil judiciaire de toucher directement, au nom de son mari, une portion de rente sur l'État dont il avait l'usufruit, pour l'employer à la part contributive du mari dans les dépenses d'entretien et d'éducation des enfants[1].

Mais ces efforts de la jurisprudence, quoique louables, ne sauraient être approuvés, car ils sont contraires au principe d'une loi. Or, une loi se réforme mais ne se viole point.

2° Les lettres de gage ou obligations du Crédit foncier sont également insaisissables, ce qui fait que le Crédit foncier peut, malgré toute saisie-arrêt, valablement payer les intérêts et le capital au porteur de ses titres, même failli.

Il en est de même pour :

3° Les lettres de change et effets de commerce[2], ainsi que les bons du Trésor, billets de banque (décret du 9 avril 1812, art. 149 C. Comm.).

4° Les fonds versés dans les caisses du Trésor public pour

---

[1] Cass., 8 mars 1859, loc. cit.—Tribunal de la Seine, 1ᵉʳ mars 1860. D. J. G. Trésor public, 1162.

Le principe d'insaisissabilité des rentes sur l'État ne s'applique point aux sommes déposées à la Caisse d'épargne (loi 8 juin 1835).

[2] La perte de l'effet ou la faillite du porteur peuvent seuls donner lieu à une opposition au paiement.

le payement des entrepreneurs de travaux public (décret 26 pluviôse an II).

5° Les produits des contributions indirectes, aux termes de la loi du 1er germinal an XIII.

6° Les lettres confiées à la poste, même contenant des valeurs [1] (loi 16 août 1790 et 10 janvier 1791), ainsi que les chevaux, ustensiles et équipages du service de la poste aux lettres (loi 23-24 juillet 1793 ; (décision du Conseil d'État du 13 mars 1874).

7° Les taxes dues aux témoins en matière criminelle et les indemnités dues aux jurés, ces taxes et indemnités devant être acquittées sur-le-champ (ordonnance du 18 septembre 1833).

8° Les gratifications accordées aux gardes et employés des forêts (décret du 2 octobre 1811).

9° Les traitements des ministres des cultes (arrêté 18 nivôse an XI et du 15 germinal an XII). Quoiqu'il n'y ait pas de texte spécial, nous devons appliquer ces deux arrêtés aux ministres du culte israélite. Remarquons que cette insaisissabilité ne porte que sur le traitement accordé par l'état aux ministres des cultes et non au casuel pour la part qui revient à ces derniers[2].

Aux termes du décret du 6 décembre 1813, le ministre du culte catholique n'est qu'usufruitier des revenus et

---

[1] On peut saisir entre les mains de la poste les valeurs remises pour un mandat. Quant aux lettres et leur contenu, l'inviolabilité des correspondances s'oppose à leur saisie Conseil d'État, 13 mars 1874. D. P. 75, 3, 34.

[2] L'autre partie n'est point susceptible de saisie-arrêt, puisqu'elle fait partie des revenus des fabriques (art. 36. décret du 30 décembre 1809). Il en était de même dans notre ancien Droit (Pothier, *Proc. Civ.*, n° 497. — Dumesnil, *Législation du Trésor public*, pag. 112, n° 102).

des biens attachés à la cure. Ces revenus sont saisissables, quoiqu'il ne puisse être apporté par l'usufruitier aucun changement dans la nature de ces biens ni une diminution dans leurs produits. Sauf l'application de l'art 1244 C. Civ.

10° Les rentes viagères constituées par la caisse d'assurances en cas d'accident (loi 11 juillet 1868).

11° Les pensions de la Légion d'Honneur (avis du Conseil d'État du 23 janvier 1808).

12° Le tiers du produit du travail des détenus, qui doit leur être remis à leur sortie (décision ministérielle et circulaire du 13 janvier 1806).

13° Le coucher et les vêtements du débiteur (art. 592 et 593 C. Proc.).

Nous venons d'étudier quand, comment, dans quelles circomstances et quelles choses on peut saisir-arrêter ; passant alors à l'exécution proprement dite, nous allons nous occuper, dans le titre suivant, de la procédure sur saisie-arrêt et de ses diverses formalités, ainsi que des effets des divers actes qui la composent.

II.

PROCÉDURE SUR SAISIE-ARRÊT.

EFFETS DE L'EXPLOIT ET DU JUGEMENT DE VALIDITÉ.

La saisie-arrêt ouvre trois procédures principales : 1° l'exploit de saisie-arrêt ; 2° la dénonciation de la saisie-arrêt au saisi, suivie d'une instance en validité ou en main-levée de la saisie ; 3° enfin la dénonciation au tiers saisi de la demande en validité, et en général une instance sur la déclaration affirmative de ce dernier.

Ces trois phases de la procédure vont faire l'objet de divers chapitres de ce titre, que nous terminerons par l'importante matière des effets de l'exploit, de saisie-arrêt et du jugement de validité.

CHAPITRE PREMIER.

De l'exploit de Saisie-arrêt (Art. 559).

Si l'on étudie les autres voies d'exécution de notre Code de Procédure, on voit qu'il est de principe qu'avant de saisir, même en vertu d'un titre exécutoire, le créancier notifie à son débiteur le titre en vertu duquel il prétend agir contre lui et lui fait commandement d'avoir à payer, afin de le mettre en demeure (art. 583, 636, 693 et 819 Proc. Civ.). Commandement préalable avec notification du titre s'il n'a déjà été notifié, tels sont les préliminaires obligés des autres voies d'exécution.

Pour la saisie-arrêt, il n'en est pas ainsi, et c'est ce qui la distingue des autres saisies. Ces préliminaires seraient en effet inutiles, car le premier acte de notre saisie, l'exploit, est adressé, non point au débiteur, mais au débiteur de ce dernier. En outre, comment notifier un titre qui le plus souvent n'existe pas? Donc, l'exploit de saisie-arrêt est avec raison dispensé de ces formalités.

Comment le définir : *Un acte signifié par huissier, en vertu duquel un créancier fait défense au débiteur de son débiteur de payer les sommes qu'il pourrait devoir à son créancier.*

L'exploit de saisie-arrêt est soumis aux règles communes à tous les exploits tracés par les art. 61 et suivants du Code de Procédure, tant que ces règles générales sont compatibles avec les règles spéciales qu'ils régissent, et que nous trouvons énoncées dans les art. 559 et 560.

Ainsi, l'art. 559 nous dit que tout exploit fait en vertu d'un titre doit contenir l'énonciation du titre et de la somme pour laquelle elle est faite ; si l'exploit a lieu en vertu de la permission du juge, l'ordonnance énonçant la somme pour laquelle la saisie-arrêt est faite, il sera donné copie de l'ordonnance en tête de l'exploit. Il doit aussi contenir élection de domicile dans le lieu où demeure le tiers saisi, si le saisissant n'y demeure pas.

L'énonciation du titre, nous dit l'article ; que faut-il entendre par là ? Probablement sa qualité, sa nature, sa date, le nom de celui qui a reçu l'acte [1], l'énonciation de la somme pour laquelle on saisit, la nature des objets. Quoique l'on puisse parfaitement n'énoncer que la quantité et la nature des objets dus, il est plus pratique de faire évaluer provisoirement par le président avant de saisir-arrêter, puisque, aux termes de l'art. 551, on ne peut continuer les poursuites jusqu'à l'appréciation en numéraire des causes de la saisie.

L'élection de domicile est exigée, lors même que le titre en vertu duquel on agit en contiendrait une [2]; mais si le tiers saisi habite hors la France continentale, les règles ordinaires pour la remise des exploits ne sont pas applicables : la signification, nous dit l'art. 560, ne pourra point

---

[1] En pratique, on donne le plus souvent copie intégrale du titre ou de l'ordonnance: on évite ainsi des difficultés sur le point de savoir si le titre a été ou non suffisamment énoncé.

[2] Dans l'ancien Droit, l'élection de domicile n'était pas exigée. Pigeau, 1, 4.

On admet généralement que le mot lieu de l'article 559 signifie Commune.

être faite au domicile du Procureur de la République, mais devra être signifiée à personne et à domicile. Cette disposition ne doit point être suivie, à peine de nullité, comme celle de l'art. 559, car elle n'a pour but que d'assurer au tiers saisi la connaissance de la saisie. Si donc il a pu la connaître, malgré son éloignement, elle produira tout son effet.

Si le domicile du tiers saisi est inconnu, l'exploit sera affiché à la porte principale de l'auditoire du tribunal qui devra connaître de la validité de la saisie (art. 69 C. Proc.). Dans tous les cas, le saisissant devra se conformer aux prescriptions de l'art. 559 Proc., il élira domicile dans le pays où se trouve le tiers saisi ; peu importe ensuite que les formalités extrinsèques soient ou non remplies : l'exploit sera quand même valable, s'il est fait en outre conformément aux lois du pays où habite le tiers saisi.

Telles sont les formalités exigées par les art. 559 et 560, formalités qui ont pour but de renseigner le tiers saisi et de fixer le taux du premier ou dernier ressort.

Qui peut se prévaloir de la nullité d'un exploit non conforme aux prescriptions que nous venons d'énoncer ? Le tiers saisi et le saisi, c'est évident ; mais il faut distinguer : le tiers saisi pourra se prévaloir des nullités lorsqu'elles seront établies en sa faveur, mais non de celles établies en faveur du saisi seul, et réciproquement. Ainsi, l'exploit est signifié au domicile du mandataire du tiers saisi et non à son domicile propre : il est nul si le tiers saisi en invoque la nullité, mais, s'il ne dit rien, il sera valable, et le saisi ne pourra s'en prévaloir pour la réclamer à son tour. La saisie est faite sans titre valable : le saisi au préjudice duquel elle a lieu peut en invoquer la nullité; mais il n'en est pas de même pour le tiers saisi, à moins qu'il n'ait payé malgré la saisie.

M. Chauveau (4, 1939 *bis*) s'élève contre cette doctrine et admet qu'il n'y a pas lieu de distinguer, et que le saisi peut invoquer toutes les nullités de l'exploit. « Le saisi, dit-il, a le plus grand intérêt à profiter de toutes les nullités qui entachent l'exploit de saisie-arrêt, pour voir lever l'obstacle qui s'oppose à la remise de ses fonds. Or, l'intérêt est la mesure des actions, et lorsque le tiers saisi lui refuse son payement, n'a-t-il pas le droit d'en demander la raison ; si l'on s'appuie d'une saisie-arrêt qu'on a entre les mains, n'a-t-il pas le droit de demander qu'en en justifie ! et si on lui représente un exploit informe, qui par conséquent manque d'authenticité, n'a-t-il pas le droit de dire et de faire juger qu'un tel acte ne réunit pas les conditions nécessaires pour lier les mains du tiers saisi, pour justifier son refus de payement[1]? » Malgré l'autorité qui s'attache au nom de cet auteur, nous adoptons la première opinion, parce que nous ne voyons pas pourquoi le débiteur saisi aurait le droit d'invoquer toutes les nullités de l'exploit par cela seul qu'il a intérêt : tout débiteur a intérêt à ne pas payer.

En terminant ce chapitre, disons quelques mots des dispositions de l'art. 562 C. Proc.

Cet article donna lieu à une vive discussion lors de la rédaction du Code : on voulait en effet faire cesser l'abus qui pourrait se produire si des saisies arrêts étaient faites par des créanciers inconnus et dans le seul but de nuire en retardant un payement quelquefois très désiré. Certaines Cours voulaient que l'huissier eût un pouvoir

---

[1] *Contrà* Roger, 382. — Rioche, *Saisie-arrêt*, 102.

spécial dont il donnerait copie; d'autres prétendaient qu'il était quelquefois impossible à l'huisier de justifier de l'existence du saisissant. Enfin, après force discussions, on finit, au Tribunat, par adopter un moyen terme, et on admit que l'huissier serait seulement tenu de justifier de l'existence du saisissant au moment même où le pouvoir de saisir lui avait été donné. Telles sont les dispositions de notre article, dispositions édictées à peine d'interdiction et de dommages-intérêts.

En pratique, la simple remise des pièces vaut pour l'huissier pouvoir de saisir-arrêter. On admet même que si la partie saisissante meurt entre le moment où le pouvoir a été donné et celui de la signification, l'huissier ne saurait être compromis, s'il n'y a pas eu fraude ou négligence de sa part [1].

[1] Chauveau sur Carré, 1911.

CHAPITRE II.

Dénonciation de l'exploit de saisie-arrêt et assignation en validité. — Dénonciation de la demande en validité ou contre dénonciation.

PREMIÈRE SECTION.

DÉNONCIATION DE L'EXPLOIT DE SAISIE-ARRÊT ET ASSIGNATION EN VALIDITÉ.

Les dispositions de l'art. 563 ont pour effet d'empêcher les abus qui se produisaient autrefois dans notre ancien Droit, où les oppositions, une fois formées, duraient un temps plus ou moins long, par exemple trente ans dans le ressort du parlement de Paris.

En exigeant que dans la huitaine de la saisie-arrêt, outre l'augmentation à raison des distances, le saisissant sera tenu de dénoncer la saisie au débiteur saisi et de l'assigner en validité, on a mis fin à ces entraves résultant de saisies faites depuis fort longtemps.

Nous allons étudier d'abord la dénonciation de l'exploit, ensuite l'assignation en validité.

§ 1. DÉNONCIATION DE L'EXPLOIT DE SAISIE-ARRÊT (563).

Huit jours après la saisie-arrêt, outre un jour par cinq myriamètres de distance entre le domicile du tiers saisi et celui du saisissant, et un jour pour cinq myriamètres de distance entre le domicile de ce dernier et celui du débiteur saisi, le saisissant sera tenu de dénoncer la saisie-arrêt au débiteur saisi : tel est le texte de notre article [1].

Le délai qui n'est pas franc ne part que du lendemain de la saisie-arrêt et s'accroît d'un jour par cinq myriamètres de distance entre le domicile du saisissant et celui du débiteur et du tiers saisi. L'art. 1033 Proc. § 1 n'est pas applicable [2].

Il y a donc en faveur du saisissant une double augmentation de délai, suivant que le débiteur ainsi que le tiers saisi sont plus ou moins éloignés [3].

La forme de cette dénonciation est celle des exploits ordinaires ; mais que doit-elle contenir ? copie textuelle ou simple désignation de l'exploit de saisie-arrêt ? En doctrine, on pense que, pour atteindre le but de la loi, la copie littérale serait indispensable, afin que le débiteur saisi puisse connaître tout ce qui l'intéresse [4].

La jurisprudence a adopté l'opinion contraire, en se basant sur ce que l'art. 563 n'exige point la copie littérale, à peine de nullité [5].

En pratique, on donne avec raison copie littérale, car, le but de la dénonciation étant de mettre le débiteur saisi à même de critiquer la saisie-arrêt, si elle est irrégulière ou mal fondée, il nous semble qu'agir ainsi, c'est, comme le pense la doctrine, se conformer à l'esprit de la loi.

Enfin, la dénonciation doit être faite au saisi lui-même

---

[1] L'art. 563 a été modifié par la loi du 3 mai 1862 (art. 1033 C. Proc.); ce n'est donc plus trois mais cinq myriamètres qu'il faut lire.

[2] Sic Pigeau, 2, 160. — Dalloz, Saisie-arrêt, n° 239. — Roger, n° 456. — Chauveau sur Carré, n° 1915.

[3] L'art. 1033 est applicable s'il y a des fractions de myriamètre.

[4] Roger, 453. — Chauveau sur Carré, 1915 — Dalloz, 248.

[5] Douai, 13 mai 1853, D. P. 54 5, 666. — Limoges, 4 juin 1856, D. P. 57, 2. 4.

ou à ses héritiers sans exception, la Cour de Cassation ayant décidé que la dénonciation faite à un seul des héritiers bénéficiaires n'était pas valable, même vis-à-vis de l'héritier auquel elle avait été adressée[1].

§ 2. ASSIGNATION EN VALIDITÉ.

Après nous avoir dit que le saisissant sera tenu de dénoncer la saisie au débiteur saisi, l'art. 563 ajoute: *et de l'assigner en validité*. La dénonciation doit donc être suivie d'une assignation en validité contenue dans le même exploit[2].

Aux termes de l'art. 566, cette assignation en validité, soumise aux mêmes formalités des ajournements, ne doit pas être précédée d'une citation en conciliation. Elle doit contenir des conclusions tendant à la condamnation du débiteur et à la validité s'il n'y a pas titre exécutoire, à la validité seulement s'il y en a un, car en ce cas le jugement n'a pas à ordonner le payement, qui est de droit.

Cette assignation doit être donnée dans la huitaine, faute de quoi la saisie-arrêt pourrait être annulée (art. 564). Cette nullité n'ayant pas lieu de plein droit, le débiteur saisi ne peut en être juge pour forcer le tiers saisi à le payer. Ce dernier, s'il veut payer, le fera valablement; mais s'il veut exiger une main-levée, il le peut.

SECTION II.
DÉNONCIATION DE LA DEMANDE EN VALIDITÉ OU CONTRE DÉNONCIATION.

Le débiteur saisi ayant connaissance de la saisie-arrêt

[1] Cass., 16 février 1853 D. P. 53, 1, 128.
[2] L'assignation en validité peut valablement se donner par exploit séparé, mais alors il n'entre point en taxe.

pratiquée à son préjudice entre les mains de son débiteur, par la dénonciation qui lui en a été faite avec assignation, reste encore à avertir le tiers saisi que la saisie-arrêt pratiquée entre ses mains est sérieuse, et que les formalités de l'art 563 ont été remplies.

Cet avertissement a lieu par un autre exploit que l'on doit signifier dans le délai de huitaine, plus les distances, à compter du jour de la demande en validité.

Les formes sont les mêmes que pour l'exploit dénonçant la saisie-arrêt. Doit-on énoncer ou donner copie littérale de l'assignation en validité ? Même controverse que précédemment, que nous résolvons de la même façon ; car si la loi n'exige pas la copie à peine de nullité, il est néanmoins prudent de la donner.

Notons qu'aux termes de l'art. 568 Proc., cet exploit peut contenir assignation en déclaration affirmative s'il y a titre authentique; peu importe que ce titre soit antérieur ou postérieur à la saisie : sa force est toujours la même. Dans le cas contraire, le saisissant ne le peut qu'une fois le jugement de validité rendu.

Enfin, aux termes de l'art. 565, les payements faits après l'expiration des délais, jusqu'à la dénonciation, sont valables; mais une fois la dénonciation faite, même après délai expiré, le tiers saisi ne peut payer valablement.

Nous pensons, avec la majorité de la doctrine, que, même après l'expiration des huit jours sans contre-dénonciation, le débiteur saisi ne peut forcer le tiers saisi à payer, car, la contre-dénonciation étant faite dans l'intérêt du tiers saisi seul, lui seul peut on opposer la nullité.

CHAPITRE III.

Jugement de la demande en validité et de la demande en main-levée. — Compétence.

Aux termes de l'art. 563, l'assignation en validité doit être donnée au débiteur saisi, soit avec la dénonciation de la saisie-arrêt, soit par acte séparé. Ces formalités une fois accomplies, c'est à la justice à statuer sur le bien ou mal fondé de la saisie-arrêt.

Cette action personnelle intentée par le créancier contre son débiteur a pour but de forcer le tiers saisi à vider ses mains en celles du créancier saisissant, jusqu'à concurrence du montant de sa créance.

Nous allons diviser notre chapitre en trois sections ; après avoir étudié le jugement de validité dans la première, nous passerons à l'étude de la demande en main-levée et des règles de compétence dans les deux dernières.

PREMIÈRE SECTION.

JUGEMENT DE LA DEMANDE EN VALIDITÉ.

Malgré son caractère d'urgence, la demande en validité n'est point classée par la loi au nombre des affaires sommaires. C'est une affaire ordinaire nécessitant le ministère des avoués, mais dispensée avec raison du préliminaire de conciliation, car il était inutile d'ajouter une formalité de plus à cette procédure, déjà assez compliquée par elle-même[1].

Les juges, après avoir examiné les conclusions respectives des parties (conclusions qui diffèrent, ainsi que nous le verrons, suivant qu'il y a ou non titre exécutoire), valident la saisie-arrêt purement et simplement, s'il y a titre exécutoire et si le débiteur saisi se contente de critiquer la saisie en la forme, en ordonnant au tiers saisi de verser aux mains du saisissant, jusqu'à concurrence du quantum de sa créance, ce dont il se sera reconnu ou aura été jugé débiteur vis-à-vis du débiteur saisi. Au contraire, s'il n'y a pas titre exécutoire, le jugement prononcera et sur l'existence de la créance du saisissant si le débiteur saisi la conteste, et sur la validité de la saisie-arrêt. Il condamnera d'abord le débiteur saisi à payer au saisissant ce qu'il lui doit, et, validant ensuite la saisie, ordonnera, comme pour le cas précédent, au tiers saisi de payer au saisissant ce qu'il doit ou sera déclaré devoir au saisi.

De ces deux situations dérivent donc, de la part du poursuivant, l'obligation de prendre des conclusions différentes. Si la saisie-arrêt est pratiquée en vertu d'un titre exécutoire, le débiteur saisi doit être assigné aux fins de voir ordonner que le tiers saisi videra ses mains en celles du saisissant. La créance de celui-ci ne pouvant être contestée et ayant d'ailleurs force exécutoire, il n'est pas besoin de demander une condamnation qui serait sans but.

Mais si le saisissant n'a qu'un titre privé ou s'il n'a pas

---

[1] Le juge des référés ne peut se prononcer sur le mérite d'une saisie-arrêt: il excéderait sa compétence. Grenoble, 18 novembre 1856. D. P. 57, 2, 144. — Paris, 22 juin 1867, D. P. 67, 2, 157.

de titre, sa créance n'étant pas alors exécutoire, dans ce cas l'assignation devra conclure d'abord aux fins de la condamnation, ensuite aux fins de la validité de la saisie.

De ce que le créancier saisissant est muni ou non d'un titre exécutoire, découle encore une différence entre ces deux situations, tant au point de vue des parties et de la déclaration du tiers saisi, que du jugement lui-même.

S'il n'y a pas titre authentique, un jugement de validité sera nécessaire pour pouvoir assigner le tiers saisi en déclaration : tel est le sens de l'art. 568. Donc, dans le premier cas, le tiers saisi ne pourra être assigné que si le jugement de validité est intervenu, et ce, à peine de nullité, dont pourraient se prévaloir également le saisi et le tiers saisi. Par suite, le jugement de validité intervenant ne sera rendu qu'entre le saisissant et le débiteur saisi, le tiers saisi y étant complètement étranger. Dans le second cas, au contraire, le saisissant a la faculté, ou bien, une fois le jugement de validité obtenu, d'assigner le tiers saisi en déclaration affirmative; ou bien, et c'est ce qui a lieu le plus souvent, de l'appeler en cause pour faire sa déclaration dans l'instance en validité.

Si le tiers saisi fait une déclaration non contestée, le jugement ordonnera, après avoir validé la saisie, que ce dernier payera au saisissant ce qu'il doit au saisi, à moins qu'il ne prétende ne rien devoir au débiteur saisi ; le Tribunal devrait alors surseoir jusqu'à ce qu'il soit statué sur le mérite de cette déclaration.

En résumé, s'il n'y a pas titre authentique, l'assignation, les conclusions et le jugement de validité devront porter condamnation du débiteur saisi et validité de la saisie-arrêt, après quoi seulement le tiers saisi peut être assigné en déclaration affirmative, à moins qu'il ne la fasse volontairement. S'il y a titre authentique, l'assignation, les conclusions et le jugement porteront seulement sur la validité, et le tiers saisi pourra être assigné, soit avant, soit après le jugement, ou bien être mis en cause.

Il y a titre exécutoire et le tiers saisi a été mis en cause par le créancier saisissant : il n'y a pas lieu, dès lors, d'appliquer l'art. 153 C. Proc., au cas où l'une des parties fait défaut et, par suite, de rendre un jugement de défaut profit joint qui ordonne la réassignation du défaillant pour être statué par un seul et même jugement[1]. L'opinion contraire est soutenue à tort par M. Chauveau ; car la preuve qu'il y a deux procès et que, par suite, la procédure de défaut profit joint n'est pas applicable, c'est que le tiers saisi peut exiger ses juges naturels. C'est ce qui empêche de résoudre cette difficulté.

Les créanciers saisissants sont par exemple au nombre de trois ; comme on ne peut alors arriver à distribution sans qu'il ait été statué sur le mérite de toutes les saisies, il est plus avantageux pour eux de joindre toutes les procédures afin d'obtenir un seul et même jugement. Ajoutons que, comme toutes les instances, notre instance en validité est sujette à péremption. Mais elle ne peut

---

[1] La procédure par défaut, art. 156 et suiv. du Code de Procédure, est applicable au saisi, s'il est défaillant. Au cas de péremption faute d'exécution dans les six mois du jugement de validité, le tiers saisi, sommé de s'acquitter de sa dette, peut exiger, pour sa sûreté personnelle, du débiteur saisi l'expédition du jugement prononçant cette péremption et ordonnant la main-levée de la saisie. Le jugement de validité est réputé exécuté par la vente des objets corporels si la saisie porte sur des objets mobiliers ; par l'exécution du jugement qui ordonne, soit le payement direct au saisissant, soit la distribution s'il y a plusieurs saisissants. Il faut donc un acte d'exécution dont le saisi ait connaissance. S'il y a procès-verbal de carence, l'exécution n'aura lieu qu'à la distribution.

être demandée par le tiers saisi que tout autant qu'il a été partie au procès.

Le jugement qui valide ou déclare mal fondée une saisie-arrêt est-il susceptible d'appel ? Certainement, lorsque le montant des causes[1] de la saisie dépasse le taux du dernier ressort, c'est-à-dire 1500 fr. Il sera donc en dernier ressort si la saisie-arrêt est inférieure à 1500 fr., quoique la dette du tiers saisi soit bien supérieure à ce chiffre, et en premier ressort si la saisie-arrêt est supérieure à 1500 fr., bien que la dette soit inférieure à ce taux.

SECTION II.

JUGEMENT DE LA DEMANDE EN MAIN-LEVÉE.

Soit que le débiteur saisi prétende ne rien devoir au saisissant, soit qu'il trouve la saisie-arrêt formée à son préjudice vexatoire et mal fondée, il peut arriver qu'il veuille en obtenir main-levée. Dans ce cas, deux procédures sont à sa disposition : ou bien il attendra l'instance en validité pour contester ou former incidemment une demande en main-levée qui se jugera avec la demande principale; ou bien, avant l'instance en validité, il actionnera le saisissant devant le tribunal de son domicile en main-levée. Cette action, qui est alors principale, est dispensée du préliminaire de conciliation.

On comprend parfaitement que le débiteur saisi n'a aucun intérêt à contester le mérite d'une saisie-arrêt faite en vertu d'une créance certaine ; mais le montant de la saisie-arrêt est quelquefois minime, tandis que la

[1] On entend par causes de la saisie le montant des sommes pour lesquelles la saisie-arrêt a été faite.

somme due par le tiers saisi est importante. Peut-il introduire une demande en main-levée partielle, ou tout au moins provisoire ? Nous répondons négativement, même si dans le second cas le débiteur offre une caution. Car en ordonnant main-levée partielle ou provisoire (en renvoyant à une époque déterminée le jugement de validité), l'intérêt du créancier saisissant est sacrifié. De nouvelles saisies intervenant, et l'excédent pouvant être dissipé par le saisi, le saisissant peut se trouver frustré. En outre, s'adresser à des cautions entraînerait encore des lenteurs qu'il faut éviter [1].

Roger nous dit que pour éviter ce que peut avoir de peu équitable ce préjudice causé au débiteur saisi, il n'y a qu'un seul moyen employé journellement à Paris, et que voici : « La partie saisie cite le saisissant et le tiers saisi en référé devant le président du Tribunal. Elle demande à ce magistrat à être autorisée à toucher le montant de la somme saisie, mais en laissant à la caisse des dépôts et consignations valeurs suffisantes pour assurer le montant des causes de la saisie-arrêt. Et pour empêcher que de nouvelles saisies ne viennent frapper cette valeur et faire ouvrir une contribution entre le saisissant actuel et les saisissants postérieurs, elle consent dès à présent transport et saisine au saisissant jusqu'à concurrence de ce qui sera reconnu être dû à celui-ci par le jugement à intervenir sur l'instance en validité. Le président rend ensuite une ordonnance conforme à cette demande. » Mais il faut que le saisissant l'accepte ; notre question se pose donc toujours, si ce dernier ne veut point y consentir. Cette ordonnance rendue par le président, une fois

[1] Ce serait du reste contraire au principe que nous avons admis, que le tiers saisi ne peut être contraint de payer au débiteur sans main-levée.

signifiée au tiers saisi, opère délégation parfaite. Toutefois, d'après M. Chauveau (1,1955), il n'est pas nécessaire que cette délégation soit consacrée par le juge des référés[1].

Enfin, comme complément à ce que nous venons de dire, la main-levée peut intervenir, soit avant le jugement, soit avant toute instance, par suite d'un accord entre le saisissant et le saisi. En ce cas, elle ne peut être donnée que par une personne ayant une pleine et entière capacité, ou par un administrateur de biens, suivant les conditions exigées par la loi pour la validité des actes de son administration.

La main-levée peut être donnée par acte sous seing privé.

SECTION III.
COMPÉTENCE.

Dans son exposé des motifs, M. Réal disait : « La demande en validité doit être portée devant le tribunal du domicile de la partie saisie, encore que la saisie soit faite en vertu d'un jugement dont, d'après l'art. 472, l'exécution appartiendrait à un autre tribunal, parce qu'une saisie-arrêt est une instance nouvelle qui reçoit l'application de la règle *Actor sequitur forum rei*. La demande en main-levée formée par la partie saisie doit également et dans tous les cas être portée devant le tribunal de cette dernière. Le véritable demandeur est ici celui qui a formé la saisie-arrêt, et le demandeur en main-levée n'est que le défendeur à cette saisie. » Ces paroles ne nous permettent point de douter de l'intention du légis-

[1] Cass., 17 février 1871. D. P. 71, 1, 111.

lateur, qui a voulu étendre, par l'art. 567, le principe émis par l'art. 59 du Code de Proc. même au cas de demande en main-levée, parce que, ainsi que le dit très bien M. Réal, si en apparence le débiteur saisi est demandeur, il n'en est pas de même en réalité, car il n'a pas eu l'initiative, il ne fait en somme que se défendre. A ces raisons nous devons ajouter qu'il faut aussi tenir compte d'une certaine idée de faveur qu'a eue le législateur pour ce débiteur saisi, afin de lui permettre de mieux agir sans dérangement contre un saisissant dont le domicile peut être éloigné [1].

Néanmoins cette règle peut être écartée s'il y a eu élection de domicile dans la créance originaire, cause de la saisie, ou bien si le débiteur saisi a actionné le saisissant devant le tribunal du domicile de ce dernier, bien entendu avant toute assignation en validité de la part du créancier saisissant [2].

L'art. 567 ouvre donc une double procédure, au cas par exemple où l'on agit en vertu d'un jugement rendu par un tribunal dans le ressort duquel ne se trouve point le domicile du débiteur saisi, puisque la compétence sur le fond du litige n'entraîne point la connaissance de la

---

[1] Chauveau (1936 bis) nous dit : « Le saisi est le véritable défendeur, puisque c'est contre lui que la première attaque a été dirigée *par le fait de la saisie* et que la demande en main-levée n'est qu'un moyen de repousser cette attaque ». M. Albert Desjardins, dans la *Revue critique* (1865), mentionnant l'opinion de Chauveau et tout en déclarant que la décision est exacte, repousse la raison de décider, qui, selon lui, doit être prise dans la formation nécessaire d'une demande en validité et non dans le fait même de la saisie.

[2] Il ne peut assigner devant le tribunal du domicile du tiers saisi, car l'élection de domicile de l'art. 559 ne concerne que les rapports du saisissant et du tiers saisi. Rennes, 10 juin 1879. D. P. 79, 2, 159.

demande en validité et de la demande en main-levée[1].

Par exception au principe de cet article, la doctrine et la jurisprudence décident :

1° Qu'en matière de succession et jusqu'au partage, c'est devant le tribunal de la succession, et non devant celui du domicile de l'héritier, que doit être portée la demande en validité des saisies-arrêts formée entre les mains des débiteurs de la succession[2];

2° Qu'il en est de même pour la demande en mainlevée formée au préjudice d'un héritier bénéficiaire. Il faut considérer le domicile du *de cujus* à son décès, l'héritier bénéficiaire n'étant qu'un administrateur.

Aux termes de l'art. 64 de la loi du 22 frimaire an VII, la Régie, en matière de contrainte, est dispensée d'assigner devant le juge de la partie saisie. C'est devant le tribunal du lieu où la contrainte a été décernée que l'action doit être intentée.

Passons maintenant à l'étude des tribunaux compétents *ratione materiæ*.

Parmi les tribunaux du domicile de la partie saisie, quel est celui devant lequel doit être portée l'instance en validité ou en main-levée? Si la saisie-arrêt est pratiquée en vertu de la permission du président du Tribunal civil,

---

[1] Un arrêt de la Cour de Riom du 10 janvier 1833, D. P. 55, 2, 41, décide toutefois le contraire, car, dit-il, aux termes de l'art. 472 Proc., l'exécution appartient aux tribunaux dont est appel. On ne peut que désapprouver cet arrêt, car, outre que l'exécution par voie de saisie-arrêt n'est pas l'exécution suite de l'instance dont parle l'art. 472 Proc., ce serait un véritable abus que de forcer un débiteur saisi, qui habiterait le midi de la France par exemple, de venir plaider devant un tribunal du nord, par cela seul qu'un jugement a été rendu contre lui et qu'on pratique une saisie-arrêt en vertu de ce jugement.

[2] Dalloz, 259. — Roger, 513.

ou d'un jugement émanant d'un tribunal de première instance, ou enfin d'un acte authentique non commercial, pas de difficulté: c'est le tribunal civil qui seul est compétent.

Mais l'accord n'est pas aussi complet, en doctrine, si la saisie-arrêt a eu lieu en vertu d'une ordonnance du président du Tribunal de commerce. On soutient que du moment où le président du Tribunal de commerce a accordé la permission de saisir-arrêter, il en résulte que ce tribunal est compétent pour connaître de la demande en validité, car la loi ne précise pas et se contente de dire que la demande sera portée devant le tribunal du domicile de la partie saisie. De plus, les demandes en validité de saisie-arrêt ayant pour cause des opérations commerciales ont un caractère d'urgence qui doit les exclure de la compétence des tribunaux civils. Enfin, le le plus souvent, la demande en validité n'est que l'accessoire du jugement que les tribunaux de commerce peuvent seuls rendre sur le fond de la contestation.

Quelque plausibles que paraissent ces raisons, elles ne peuvent prévaloir contre le texte formel de l'art. 567 et la nature exceptionnelle des tribunaux de commerce. Ces derniers sont donc incompétents pour connaître de la validité d'une saisie-arrêt, parce qu'ils ne peuvent connaître de l'exécution de leurs jugements[1].

Cependant il est utile d'établir des distinctions. Ainsi, la saisie autorisée par le président du Tribunal de commerce est fondée sur une créance contestable: en ce cas, le tribunal civil ne pourra statuer qu'après que le

---

[1] Roger, 493. — Boitard, 2, 491. — Chauveau sur Carré, 1953. — Dalloz, 277. — Limoges, 4 juin 1856. D. P. 57, 2, 4. — Amiens, 4 janvier 1868. D. P. 69, 2, 141. — *Contrà* Pigeau, 2.

tribunal de commerce aura fixé le chiffre formant l'objet de la saisie [1].

Si, pour statuer sur une demande en validité ou en main-levée, il y a lieu de résoudre une question dont la solution appartient à l'Autorité administrative, le tribunal civil devra surseoir et ne se prononcer qu'après cette décision [2].

N'oublions pas que, les tribunaux civils ayant la plénitude de juridiction, toute défense au fond du défendeur en matière commerciale, sans conclusions d'incompétence, aurait pour effet de rendre le tribunal civil compétent.

On s'est demandé si le juge de paix était compétent pour connaître de la demande en validité ou en main-levée d'une saisie-arrêt formée pour une créance rentrant dans les limites de sa compétence? Des contestations entre les parties en cause, sur lesquelles le juge de paix ne pourrait le plus souvent statuer, n'ont pas permis d'attribuer à ce dernier les demandes se rattachant à la validité des saisies-arrêts. Nous croyons même que si le fond de l'affaire venait à être contesté, le tribunal civil ne devrait pas surseoir, comme au cas d'affaire commerciale, avant de se prononcer sur la validité ou la main-levée de la saisie-arrêt ; car si le tribunal de commerce tient sa compétence de l'acte pris en lui-même, le juge de paix ne la tient que d'une attribution motivée par le peu d'importance de la créance [3].

[1] Douai, 18 novembre 1851. D. P. 55, 2, 50. — Montpellier, 31 janvier 1871. D. P. 76, 2, 91, 93.

[2] Un avis du Conseil d'État du 8 janvier 1810 a cassé un arrêté de préfet qui prononçait la nullité d'une saisie-arrêt faite au préjudice d'une commune.

[3] Rennes, 15 novembre 1851. D. P. 51, 5, 170. — Alger, 8 février

Le créancier qui a pratiqué une saisie-arrêt avec l'intention évidente de nuire au débiteur saisi peut, sur la demande reconventionnelle de ce dernier, être condamné, en outre des dépens, à tels dommages que le tribunal saisi de la demande en validité arbitrera.

Quant aux dépens, ils sont supportés par le débiteur saisi si la déclaration du tiers saisi est affirmative et la saisie-arrêt validée. De même ils sont à la charge du saisissant si ce dernier succombe dans l'instance en validité. Toutefois il faut distinguer. Le créancier saisissant n'avait pas de titre, ou bien avait purement et simplement un titre sous seing privé? Il sera passible de tous les dépens faits contre le tiers saisi, mais il pourra réclamer de son débiteur les frais faits pour obtenir contre lui titre exécutoire si la créance est constatée. Il en sera de même, et les frais exposés devant le tribunal civil seront seuls à la charge du saisissant, si ce dernier a poursuivi en vertu d'un jugement du tribunal de commerce.

Enfin, s'il y a acte authentique, tous les dépens sont à la charge du créancier.

En résumé, le saisissant a gain de cause quant à la reconnaissance des créances : il obtient les dépens contre le saisi ; il succombe quant à la saisie-arrêt : il en paie les frais.

1860. D. P. 61, 2, 159. — *Contrà* Roger, 505. — Chauveau sur Carré, 1953. — Dalloz, 179.

CHAPITRE IV.

Assignation du tiers saisi en déclaration affirmative.— Formalités de la déclaration.—Devoirs du tiers saisi.

Nous venons de voir comment le créancier parvient, si sa demande est fondée, à faire juger, s'il n'y a pas titre authentique, que son débiteur lui doit telle chose, et, dans tous les cas, que la procédure est régulière et que c'est à bon droit qu'il a pratiqué une saisie-arrêt entre les mains d'un tiers qu'il suppose débiteur du sien.

Ceci une fois résolu, il reste un second point à élucider : le tiers saisi est-il à son tour débiteur du saisi ? Il faut donc une déclaration du tiers saisi. Cette déclaration, il pourra l'obtenir, et il l'obtiendra le plus souvent volontairement, quelquefois même avant l'instance en validité, s'il a pu assigner le tiers saisi en déclaration au début de la procédure ; mais il se peut, soit que le saisissant conteste la déclaration, soit que le tiers saisi refuse de la faire, qu'il soit nécessaire de l'assigner en déclaration et de poursuivre une instance contre lui. C'est ce que nous allons étudier dans les deux sections suivantes.

PREMIÈRE SECTION.

ASSIGNATION DU TIERS SAISI EN DÉCLARATION AFFIRMATIVE.

Aux termes de l'art. 568, suivant que le créancier est porteur ou non d'un titre authentique, la situation change. Il y a titre authentique : le créancier saisissant a le droit d'assigner le tiers saisi en déclaration affirmative au début de la procédure en saisie-arrêt, ou bien de ne l'assigner qu'une fois le jugement de validité rendu. Il n'y a pas titre authentique : il ne le peut alors qu'après le jugement.

Forcer le saisissant à avoir un titre authentique ou un jugement qui établisse sa qualité, est, croyons-nous, une mesure fort juste, car on ne saurait permettre à un tiers de s'immiscer dans les affaires d'autrui, sous prétexte de sauvegarder une prétendue dette, sans la moindre garantie.

Le saisissant est muni d'un titre authentique ; à quel moment précis et par quel acte peut-il assigner le tiers saisi en déclaration ? Dès le début de la procédure, par l'exploit même de saisie-arrêt, soutiennent quelques auteurs ; toutefois le tiers saisi ne pourra être tenu de faire sa déclaration avant que l'assignation en validité lui ait été dénoncée [1].

Nous pensons au contraire qu'il est plus régulier de n'assigner le tiers saisi en déclaration, devant le tribunal qui doit connaître de la saisie, que par l'exploit de dénonciation au tiers saisi de l'assignation en validité donnée au débiteur saisi. Il nous semble qu'agir autrement ce serait anticiper sur la marche naturelle de la procédure.

Si, au lieu de se refuser à faire sa déclaration, le tiers saisi, avant que le jugement de validité intervienne, la fait négative, en ce cas le saisissant, s'il la conteste, devra, avant d'obtenir le jugement de validité (qui n'a de raison d'être qu'autant que le tiers saisi est débiteur),

---

[1] Roger, 550. — Chauveau sur Carré, 1956. — Dalloz, 318.

faire surseoir à l'instance pendante jusqu'après la décision sur la sincérité de la déclaration. Son propre intérêt lui commande d'agir ainsi, afin d'éviter les frais d'un jugement de validité, qui seraient en tout ou en partie à sa charge [1].

Le Code n'indique point le délai pour citer le tiers saisi en déclaration; aussi croyons-nous qu'on ne peut étendre la prescription de l'art. 564 et la déchéance qu'il prononce à l'assignation en validité; que, dès lors, elle peut être donnée en tout état de cause, longtemps même après le jugement, Cette assignation est soumise aux formes des exploits ordinaires et doit contenir constitution d'avoué.

Quel est le tribunal compétent ? L'art. 570 répond à la question en nous disant qu'il sera assigné en déclaration devant le tribunal qui doit connaître de la saisie. Donc, en principe, c'est devant le tribunal compétent pour statuer sur la validité de la saisie que le tiers saisi sera assigné, sauf à lui, ajoute l'article, si sa déclaration est contestée, à demander son renvoi devant ses juges. Le motif du final de notre article est facile à saisir. En effet, le tiers saisi n'est pas, à proprement parler, partie dans la cause, il n'est en réalité qu'un témoin qui vient faire sa déclaration. Mais si on la conteste, sa qualité change : de témoin il devient partie, car un procès va s'engager, et alors, en sa qualité de défendeur, il peut, s'il le veut, en vertu du principe de l'art. 59 Proc., qui domine, exiger ses juges naturels.

Une vive controverse s'est élevée sur le point de savoir si ce droit de choisir ses juges naturels appartient

---

[1] Cass., 22 avril 1857. D. P. 57, 1, 175.

au tiers saisi, dans tous les cas et quelle que soit la nature de la contestation à laquelle sa déclaration peut donner lieu. Nous pensons qu'il le peut dans tous les cas, attendu que l'art. 570 est conçu en termes généraux, et que faire une distinction ce serait ajouter à la loi[1]. Nous repoussons donc l'opinion qui croit que la disposition de l'art. 570 n'est applicable que tout autant que la contestation porte sur la véracité des faits affirmés par le tiers saisi et que, par suite, s'il s'agit d'une contestation pour vice de forme, par exemple défaut de pièces justificatives, le tiers saisi ne pourrait exiger les juges de son domicile.

Nous croyons aussi que notre article doit être appliqué même lorsque la contestation élevée contre la déclaration est connexe à une autre instance pendante devant un tribunal autre que celui du domicile du tiers saisi.

La demande du tiers saisi doit être faite *in limine litis*, par conséquent avant toute exception. S'il y a plusieurs tiers saisis et que leur déclaration soit contestée, notre article n'est applicable que s'ils n'ont entre eux rien de commun, c'est-à-dire s'ils sont débiteurs du saisi à des titres différents ; s'il y a unité de dette, l'art. 59 est seul en vigueur, et le saisissant peut les assigner devant le tribunal du domicile de l'un d'eux.

La demande en renvoi se forme par requête d'avoué à avoué.

Si les parties sont d'accord et si le tiers saisi se reconnaît débiteur de sommes suffisantes pour solder la créance, la déclaration est inutile. Et alors, d'après M. Chauveau, la signification, par le saisissant au tiers saisi, du

[1] Roger, 599. — Chauveau sur Carré, 1959.

jugement de validité, permet à ce dernier de vider valablement ses mains en celles du saisissant.

SECTION II.

FORMALITÉS DE LA DÉCLARATION. — DEVOIRS DU TIERS SAISI.

La déclaration est un acte par lequel le tiers saisi affirme quelle est sa situation vis-à-vis du débiteur saisi. Elle est faite et affirmée par le tiers saisi assisté d'un avoué, au greffe du tribunal devant lequel il est cité, s'il est sur les lieux, sinon devant le juge de paix de son domicile sans l'assistance d'un avoué et sans qu'il soit besoin de réitérer l'affirmation au greffe. Dans ce dernier cas, suivant une première opinion, le juge de paix doit envoyer la déclaration au greffe du tribunal de la saisie, où elle est déposée[1]. Suivant une seconde, il est préférable que le tiers saisi lève lui-même une expédition, qu'il envoie à son avoué constitué, afin que ce dernier la signifie, avec constitution, à l'avoué du saisissant, ou la dépose au greffe[2].

La déclaration et l'affirmation peuvent être faites par procuration spéciale.

Aux termes de l'art. 573, la déclaration énoncera : les causes et le montant de la dette ; les payements acompte, si aucuns ont été faits ; l'acte ou les causes de libération si le tiers saisi n'est plus débiteur, et, dans tous les cas, les saisies-arrêts formées entre ses mains.

La déclaration énoncera donc : les causes et le montant de la dette, c'est-à-dire si elle est liquide, conditionnelle

[1] Carré, 4, 628.
[2] Bioche, 150. — Chauveau, 1962.

où non, etc., etc. ; enfin les vices du titre. Ce qui démontre que le tiers saisi peut opposer au saisissant toutes les exceptions généralement quelconques qu'il pourrait invoquer contre son créancier.

Elle énoncera : les payements acompte, c'est-à-dire si les payements ont été faits, leur mode, leur date; l'acte ou les causes de libération si le tiers saisi n'est plus débiteur; si par exemple il y a eu quittance, remise de dette, prescription.

Enfin le tiers saisi doit faire connaître les saisies-arrêts formées entre ses mains, afin de permettre au saisissant d'appeler en cause les autres saisissants, sous peine pour le tiers saisi d'être garant de la somme revenant à ceux dont il a oublié de mentionner la saisie, dans le cas où la contribution aurait lieu. A cela nous devons ajouter l'indication des transports ou cessions qui lui auraient été signifiés.

Les pièces justificatives de la déclaration doivent y être annexées, et le tout déposé au greffe où l'acte de dépôt qui est dressé est signifié par un seul acte contenant constitution d'avoué (574 Proc.).

On comprend parfaitement l'obligation de ce dépôt de pièces, dont le but est de permettre au saisissant de vérifier le dire du tiers saisi. Mais ce dernier est-il tenu de rapporter toujours la preuve de ce qu'il avance ? On doit prendre, croyons-nous, un moyen terme. Sans doute il serait dangereux d'admettre toujours la déclaration du tiers saisi sans le moindre contrôle, car ce serait trop facilement permettre la fraude ; mais il serait souvent injuste et par trop rigoureux de n'admettre comme valable que toute déclaration appuyée de pièces justificatives. C'est pourquoi, ainsi que le dit avec juste raison M. Chauveau

(1967), le tiers saisi doit faire et affirmer sa déclaration telle qu'il peut et croit devoir la faire.

C'est au saisissant à contester par tous les moyens qui sont en son pouvoir ; le Tribunal appréciera les faits et les circonstances de la cause[1], la moralité du déclarant, etc.; de même qu'il pourrait rejeter une quittance qui, quoique authentique, ne lui paraîtrait pas sincère, de même il a le pouvoir de déclarer valables les payements qui lui paraissent vrais, ne fussent-ils appuyés d'aucune preuve écrite.

Les tribunaux ont donc, en cette circonstance, un pouvoir souverain d'appréciation. C'est pourquoi nous pensons que les quittances qui sont entre les mains du tiers saisi, constatant la libération des dettes échues avant la saisie, peuvent être opposées au saisissant, quoique seulement enregistrées depuis la saisie[2].

Comme le législateur n'a point fixé de délai pour la déclaration, nous entrons d'abord dans le droit commun, et, aux termes des art. 72 et 1039 Proc., ce sera l'assignation faite au tiers saisi qui fera courir le délai, lequel sera le délai ordinaire des ajournements, c'est-à-dire celui de huitaine augmenté à raison des distances.

Si après ce délai le tiers saisi ne comparaît point, en pratique, afin d'éviter la rigueur de l'art. 577, qui en ce cas le déclare débiteur pur et simple des causes de la saisie, les Tribunaux prononcent contre lui un jugement par défaut, dans lequel ils déclarent que, faute par le tiers

---

[1] Ainsi, il peut prouver par témoins que le tiers saisi a reçu frauduleusement une somme déterminée du débiteur saisi. Cass., 14 janvier 1868, D. P. 68, 1, 171.

[2] L'art. 1328 du Code Civil n'est pas applicable. C'est l'opinion de la jurisprudence et de M. Chauveau, 1967.

saisi de faire sa déclaration dans tel délai, l'article ci-dessus sera appliqué.

Même après le délai imparti par le tribunal et même en tout état de cause, la déclaration du tiers saisi est accueillie si le jugement qui le déclare débiteur pur et simple n'est pas passé en force de chose jugée; car, pourvu qu'il n'y ait pas refus obstiné ou frauduleux, les droits du créancier saisissant sont aussi bien conservés par une déclaration tardive que par une déclaration faite dans les délais [1].

On admet généralement, et par dérogation à l'art. 1328 du Code Civil, que si le saisissant, au début de la procédure, n'est pas un ayant cause, il le devient lorsqu'il conteste la déclaration du tiers saisi, car alors il invoque les droits de son débiteur et agit au nom de ce dernier [2]. C'est pourquoi les actes sous seing privé consentis par le débiteur sont opposables, bien que n'ayant pas date certaine.

Tout en reconnaissant l'utilité incontestable, au point de vue pratique, de cette dérogation à l'art. 1328 Civ. (qui, si elle n'était pas admise, présenterait de graves inconvénients, en forçant le débiteur tiers saisi à faire enregistrer tout acte de libération), nous croyons que, théoriquement, le motif que l'on en donne est inexact. En effet, au début de la saisie comme après, le saisissant exerce un droit que la loi lui accorde, il agit toujours contre son débiteur; par le fait même de la saisie, il ne peut être qu'un tiers, puisque, en agissant, il acquiert un droit propre et personnel qu'il est autorisé à dé-

[1] Toulouse, 29 novembre 1861. D. P. 62, 2, 13.
[2] Toullier, VIII. — Duranton, 13, 133. — Bioche, 181. — Roger, 568.

fendre contre tout acte de nature à y porter atteinte[1].

On accorde de longs délais au tiers saisi pour le dépôt des pièces justificatives ; la fraude seule le rend coupable.

Si la saisie-arrêt est formée sur effets mobiliers, le tiers saisi sera tenu, nous dit l'art. 578, de joindre à sa déclaration un état détaillé desdits effets ; il devra mentionner les billets ou reconnaissances souscrits au profit du débiteur saisi[2].

Doit-on se contenter de la simple affirmation du tiers saisi, disant dans sa déclaration qu'il a été débiteur du saisi, mais qu'il ne lui doit plus rien ? Évidemment non : il doit fournir la preuve de sa libération, il peut même à l'audience compléter sa déclaration[3]. Enfin, s'il déclare ne rien devoir et n'avoir jamais rien dû au débiteur saisi, il ne peut être tenu de fournir des pièces justificatives puisqu'il ne saurait y en avoir.

Notons qu'aux termes de l'art. 578, s'il survient de nouvelles saisies-arrêts depuis la déclaration du tiers saisi, ce dernier doit les dénoncer à l'avoué du premier saisissant, par extrait contenant les noms et élection de domicile des saisissants et les causes de sa saisie. En ce cas, une nouvelle déclaration n'est pas nécessaire, la signification de celle qui a été faite suffit.

Mais le tiers saisi peut ne pas vouloir faire sa déclaration ou les justifications ordonnées par la loi : en ce cas, l'art. 557 le déclare débiteur pur et simple des causes de la saisie[4].

---

[1] Aubry et Rau, 8, 257. — Demolombe, 29, 551.
[2] Cass., 18 janvier 1876. D. P. 76, 1, 74, 75.
[3] Chauveau, 1968. — Cass., 18 juin 1873. D. P. 73, 1, 406.
[4] N'oublions pas qu'on doit entendre par ces mots toutes les sommes

Cet article ne doit pas cependant être pris à la lettre, car, si la pensée du législateur a été que le juge ne pouvait connaître le montant des sommes dues au débiteur saisi, il est à présumer que ce montant doit être égal aux causes de la saisie. Néanmoins, si le Tribunal est fixé sur le quantum de la dette, existant par exemple en vertu d'un titre authentique, comme il a les éléments nécessaires, il est évident qu'il ne condamnera le tiers saisi qu'au montant de la dette énoncé dans l'acte et non aux causes intégrales de la saisie si elles sont supérieures [1].

Malgré certains arrêts déclarant que l'art. 577 ne s'applique pas au cas où la déclaration et la production du tiers saisi sont mensongères et frauduleuses (ce dernier ne pouvant être condamné qu'à la dette réelle, plus des dommages-intérêts si le Tribunal connaît le quantum de cette dette) [2], nous pensons, avec la Cour de Cassation, qu'on peut assimiler ces déclarations mensongères ou frauduleuses au défaut de déclaration [3].

En résumé, nous voyons que ce qui domine en notre matière, c'est la bonne ou mauvaise foi du tiers saisi, que le Tribunal doit apprécier avec la plus grande latitude.

La déclaration du tiers saisi une fois faite et non contestée, il ne sera fait, nous dit l'art. 576, aucune procédure, ni de la part du tiers saisi ni contre lui. Toutefois ce serait aller trop loin que de dénier au tiers

---

pour lesquelles la saisie a été faite, quoique supérieures à la dette réelle du tiers saisi.

[1] Cass., 29 mai 1878. D. P. 79, 1, 21.

[2] Roger, 590. — Bordeaux, 7 août 1856. D. P. 56, 5, 410. — Cass., 7 décembre 1869. D. P. 70, 1, 40.

[3] Cass., 15 mai 1876. D. P. 76, 1, 136.

saisi le droit de faire à son créancier des offres réelles, à charge par ce dernier de rapporter main-levée ou faire valider les offres.

Ce qui fixe le taux du premier ou du dernier ressort dans l'instance en contestation de déclaration du tiers saisi, c'est le quantum de la somme que l'on prétend être due par ce dernier. Le jugement qui statue sur la déclaration est donc en premier ressort si la dette du tiers est supérieure à 1500 fr., quoique la créance du saisissant soit inférieure à ce chiffre.

Il est prudent, de la part du tiers saisi qui, assigné en déclaration, conteste la qualité qu'on lui donne, d'appeler en cause le débiteur saisi et tous les créanciers saisissants, afin de leur rendre commun le jugement à intervenir.

Disons, en terminant, que s'il y a plusieurs tiers saisis, dont les uns ont fait leur déclaration, tandis que les autres ont négligé de la faire, il est inutile de prendre un jugement de défaut profit joint avant d'appliquer l'art. 577; car s'il y a plusieurs débiteurs d'une même somme, c'est que la dette est ou indivisible ou solidaire, et alors ce qui est jugé à l'égard des uns l'est aussi à l'égard des autres. On doit les déclarer débiteurs purs et simples.

CHAPITRE V.

Effets de la saisie-arrêt jusqu'au jugement de validité.

Les effets de l'exploit de saisie-arrêt sont des plus importants, et cependant, malgré leur gravité, le Code de Procédure est muet sur ce point et ne contient rien de formel pour réglementer une matière susceptible de donner lieu à tant de difficultés.

De tous les articles de ce Code concernant la saisie-arrêt, l'art. 557 seul se contente de poser implicitement le principe, et voilà tout.

Il faut donc que la doctrine supplée au silence du législateur.

Nous savons que le but principal de la saisie-arrêt est de faire attribuer au créancier saisissant les sommes ou effets de son débiteur qui sont en mains tierces. L'effet direct et immédiat de l'exploit est donc de saisir-arrêter entre les mains d'un tiers ce que ce dernier pourrait devoir à son créancier, le débiteur saisi.

Mise des objets sous la main de justice, défense au tiers saisi de se libérer à peine de payer deux fois, tels sont les effets de l'exploit de saisie-arrêt que nous déduisons de la combinaison des art. 557 du C. de Proc., 1242, 1298 du Code Civil.

Ceci posé, il est, croyons-nous, utile de nous occuper d'une question qui divise encore la doctrine.

Un créancier pratique une saisie-arrêt entre les mains

du débiteur de son débiteur. Les sommes dues par ce dernier sont alors immobilisées entre ses mains, puisqu'il ne peut se libérer valablement. Jusqu'où porte cette indisponibilité ? sur la totalité de la somme due par le tiers saisi, ou seulement jusqu'à concurrence des causes de la saisie-arrêt ? Telle est la question.

Deux systèmes sont en présence : l'un proclame l'indisponibilité absolue, l'autre l'indisponibilité simplement partielle. Comme ils sont tous les deux soutenus par les auteurs les plus recommandables, nous allons examiner en détail les arguments invoqués de part et d'autre.

Premier Système. — Sous l'ancienne jurisprudence, il était de principe que la saisie-arrêt frappait d'une indisponibilité absolue toute la dette du tiers saisi ; c'est pourquoi, conformément à ce principe, qui est de droit commun en matière de saisie, l'art. 557 ne limite en rien l'effet de l'exploit. Il dit en effet : « *Tout créancier peut saisir-arrêter les sommes et effets...* » d'une façon générale, qui démontre que si le législateur avait voulu poser des limites il aurait certainement ajouté : « jusqu'à concurrence de la somme due au saisissant ». Et cette interprétation de l'art 557 est corroborée par le principe de l'art. 2093 du C. Civ., qui s'exprime ainsi : « *Tous les biens du débiteur sont le gage commun de ses créanciers* ».

Enfin le décret du 18 août 1807, postérieur à la promulgation du C. de Proc., vient encore démontrer que l'intention du législateur était bien de frapper d'une indisponibilité absolue la totalité de la dette du tiers saisi, puisqu'il déclare formellement que les saisies-arrêts faites entre les mains des caissiers ou dépositaires publics ne vaudront que jusqu'à concurrence des causes de l'opposition. S'il a donc fallu un décret pour édicter une règle spéciale d'intérêt public, c'est que l'indisponibilité absolue est la règle générale [1].

Est-ce que, du reste, dans toutes les autres saisies il n'en est pas de même ? Car on ne peut savoir jusqu'où s'élèvera le prix de la vente.

2e *Système*. — Les partisans du système de l'indisponibilité partielle répondent à ces arguments, en disant que le Code a virtuellement aboli le principe admis dans l'ancienne jurisprudence, puisque, aux termes des art. 527 et 544 du C. Civ., la capacité de disposer, et par suite la disponibilité, forme le droit général, principe non aboli en notre matière par une disposition formelle. Que, bien plus, en disant dans l'art. 1242 que le payement fait par le débiteur à son créancier au préjudice d'une saisie-arrêt n'était pas valable à l'égard des créancier *saisissants ou opposants*, le législateur paraît repousser toute idée d'indisponibilité absolue. Qu'en effet cet article signifie que le débiteur saisi peut disposer valablement de sa créance à l'égard de tous autres que le saisissant.

Que, de plus, dans l'art. 559 du C. de Proc., aux termes duquel tout exploit de saisie-arrêt doit contenir l'énonciation de la somme pour laquelle elle est faite, on voit que le législateur a voulu non seulement porter à la connaissance du débiteur saisi le *quantum* de la somme pour laquelle on pratique une saisie-arrêt à son préjudice,

---

[1] Bioche, 437. — Doitant, 824. — Chauveau sur Carré, 1952. — Colmet de Santerre, art. 1242. — Aubry et Rau, 359 *bis*.

mais surtout ne paralyser la dette du tiers saisi que jusqu'à concurrence de ce *quantum.*

Que, du reste, il serait contraire à l'équité qu'un créancier pût frapper d'indisponibilité une somme importante pour avoir payement d'une créance quelquefois minime.

Qu'enfin le principal argument invoqué par le premier système, tiré de ce que l'indisponibilité absolue est le droit commun en matière de saisie, ne saurait avoir de portée au cas de saisie-arrêt de sommes d'argent, car ce n'est plus par voie de vente que l'on agit alors, mais par voie d'attribution, ainsi que nous l'avons dit au début de cette étude.

De ces deux systèmes, le premier nous semble seul logique et devoir être adopté par nous.

Ceci posé et avant d'aller plus loin, posons les principes qui dominent notre matière et qui nous serviront à élucider les diverses questions qui se présenteront.

Premier Principe. — *La saisie-arrêt portant sur une créance de sommes d'argent rend indisponibles, entre les mains du tiers saisi, la totalité des sommes par lui dues au débiteur saisi.*

Nous n'avons pas à nous étendre sur les arguments que l'on peut invoquer à l'appui de ce principe, puisque nous venons de les présenter avec le système de l'indisponibilité totale. Insistons toutefois sur le point suivant : l'on admet généralement, avec raison, que le principe d'indisponibilité absolue s'applique à la saisie-arrêt quand elle porte sur des objets corporels; on explique cette solution par la difficulté qu'il y aurait d'évaluer ces objets et par la nécessité d'une vente qui la fait entrer dans le droit commun et ressembler à la saisie-exécution.

Il nous semble que ceux qui admettent l'indisponibilité absolue au cas de saisie-arrêt d'objets autres que des deniers, devraient penser de même pour celle de sommes d'argent, la raison de décider étant la même.

S'il n'y a pas vente dans la saisie-arrêt de deniers, c'est qu'elle est inutile, mais il est aussi difficile d'évaluer les frais et les accessoires qui pourront augmenter le *quantum* de la saisie et que le saisissant ne saurait supporter; il est bien assez malheureux de venir le plus souvent partager la somme par lui saisie avec d'autres saisissants postérieurs mis en éveil par ses poursuites.

Aussi, en vertu du principe ci-dessus, le débiteur saisi voit ce qui lui est dû, saisi-arrêté entre les mains du tiers saisi, quel que soit le montant de la saisie.

Remarquons cependant que s'il ne peut disposer des sommes saisies-arrêtées, elles restent néanmoins dans son patrimoine jusqu'au jugement de validité; elles sont toujours sa propriété jusqu'à ce qu'il en ait été décidé autrement par justice. C'est pourquoi il a la facilité, jusqu'au jugement de validité, d'agir pour la conservation de ses droits.

De son côté, le tiers-saisi ne peut, sans se compromettre, payer les sommes saisies-arrêtées entre ses mains.

2ᵉ *Principe.* — *La saisie-arrêt n'a point pour effet de créer un privilège au profit du premier créancier saisissant : tous, jusqu'au jugement de validité, concourent sur le montant de la créance*[1].

Ce principe se déduit facilement de l'art. 2093 du

[1] Dans notre ancien Droit, ce privilège existait au profit du premier saisissant. Le silence de notre Code et le principe de l'art. 2093 Civ. doivent nous faire rejeter cette disposition de l'art. 178 de la coutume de Paris.

C. Civ., qui établit l'égalité absolue entre créanciers non munis de causes légitimes de préférence, et de l'art. 579 du C. Proc., qui, pour le cas où la saisie-arrêt porte sur des objets mobiliers, nous dit qu'il sera procédé à la vente et distribution du prix, ainsi qu'il en sera dit au titre de la distribution par contribution.

3° *Principe* — *Les effets résultant d'une saisie-arrêt sont personnels à celui qui la pratique; les autres créanciers, pour concourir sur le montant de la créance déjà mise sous la main de justice, doivent saisir-arrêter à leur tour.*

Dans notre Droit, il est de principe, en matière de saisie-arrêt, que chaque créancier agit pour son propre compte et n'est en aucune façon le mandataire des autres.

Cela tient à ce que, dans notre espèce, au lieu de procéder par voie de vente, presque toujours on procède par voie d'attribution ainsi que nous l'avons dit, la saisie-arrêt de deniers étant seule usitée.

Le principe émis par l'art. 611 du C. de Proc. en matière de saisie-exécution n'est donc pas applicable. C'est pourquoi tout saisissant a la faculté, malgré l'existence d'autres saisies, de donner main-levée[1].

4° *Principe.* — *Toute cession acceptée ou signifiée dans l'intervalle de deux saisies-arrêts, nulle comme cession vis-à-vis du saisissant antérieur, doit être considérée à son égard comme saisie-arrêt et comme cession vis-à-vis des saisissants postérieurs.*

Si la saisie-arrêt a pour effet d'empêcher l'aliénation de la créance vis-à-vis du saisissant, cela n'empê-

---

[1] En matière de saisie-arrêt, saisie sur saisie vaut.

che point que les obligations contractées antérieurement ou postérieurement à la première saisie ne viennent diminuer la part revenant au premier saisissant.

On ne peut faire produire à la signification de la cession son effet ordinaire vis-à-vis du premier saisissant, c'est-à-dire la translation de la propriété; mais cette signification n'a-t-elle pas l'effet, vis-à-vis du tiers-saisi, d'une défense de payer faite par un créancier du cédant? Et cela avec d'autant plus de raison que l'obligation est constatée par un titre; que, sous le rapport de la forme, la signification de la cession peut parfaitement tenir lieu de saisie-arrêt; qu'enfin le cessionnaire, pris en sa seule qualité de créancier du cédant, peut le plus souvent pratiquer à son tour une saisie-arrêt.

Donc la signification de la cession est un acte équivalent à une saisie-arrêt à l'égard du premier créancier saisissant, et vis-à-vis des créanciers saisissants postérieurs rend la cession pleinement valable, aux termes de l'art. 1690 C. Civ. sauf, bien entendu, les dispositions de l'art. 1167 C. Civ. en faveur de tout créancier lésé.

Maintenant que nos principes sont établis, nous allons les appliquer aux différentes hypothèses qui vont se présenter, tout en étudiant les nombreux systèmes auxquels notre matière a donné lieu.

PREMIÈRE SECTION.

DES EFFETS DE L'EXPLOIT AU CAS DE PAYEMENT, REMISE DE DETTE, COMPENSATION, CESSION. — CONCOURS ENTRE SAISISSANTS ET CESSIONNAIRE.

Aux termes de l'art. 1242 du C. Civ., tout tiers saisi, même de bonne foi, qui, au mépris d'une saisie-arrêt, soldera le débiteur saisi, sera tenu de payer une seconde fois au saisissant, sauf, bien entendu, son recours en ce cas contre son créancier.

Le tiers saisi qui a payé malgré la saisie-arrêt ne change point de créancier, il ne s'opère pas novation dans la créance du saisissant. Il n'est, en somme, tenu que d'une action en dommages-intérêts pour le préjudice causé au saisissant [1].

Si donc après une saisie-arrêt suivie d'un payement partiel, il en survient de nouvelles, les opposants ultérieurs ne pourront critiquer le payement. Mais comme une saisie-arrêt n'engendre de cause de préférence, et que par suite le saisissant ultérieur viendra en concours avec le premier sur la somme saisie-arrêtée, le premier saisissant lésé par le payement se retournera contre le tiers saisi et le contraindra à lui payer la différence entre ce qu'il touche et ce qu'il devrait recevoir s'il n'eût point été fait de payement au saisi. Cette solution, adoptée par la majorité des auteurs, se base sur les principes déjà émis et sur les dispositions des art. 1382 et 1383 du C. Civ [2].

Mais elle ne semble pas pouvoir être admise lorsque l'on reconnaît que la saisie-arrêt ne frappe d'indisponibilité la créance saisie-arrêtée que jusqu'à concurrence des causes de la saisie.

Le tiers saisi, en pareil cas, n'a aucune faute à s'imputer.

Et ce dernier aura raison de refuser un payement total ou partiel, tant qu'on ne lui apportera pas main-levée, puisque sa responsabilité est en jeu.

---

[1] Cass., 8 novembre 1847. D. P. 49, 1, 69.

[2] Pigeau, 2, 65. — Marcadé, art. 1242. — Aubry et Rau, 4, 156. — Roger, 428. — Larombière, art. 1242. — Colmet de Santerre, 5, 181 bis.

Cependant le tiers saisi peut avoir intérêt à se libérer ou ne pas vouloir attendre le jugement de validité pour liquider une situation quelquefois ennuyeuse. En ce cas, il a deux moyens à sa disposition : ou bien payer le saisissant avec l'assentiment du saisi et à titre de délégation parfaite de ce dernier en obtenant main-levée du saisissant, ou bien déposer à la Caisse des dépôts et consignations, après offres réelles au débiteur saisi, à charge par lui d'apporter main-levée.

Cette délégation doit être véritable pour opérer saisine au profit du saisissant; dès lors un simple consentement du débiteur saisi d'opérer le payement en son nom ès-mains du saisissant, pour le cas où la saisie-arrêt serait validée, ne suffirait point pour empêcher les autres créanciers de pratiquer valablement des saisies-arrêts entre les mains du tiers saisi tant qu'il ne s'est pas libéré.

Est-il nécessaire, au cas de dépôt à la Caisse, de mettre en cause les créanciers saisissants ? Nous ne le pensons pas, car nous croyons que la sommation de l'art. 1259 du C. Civ. avec dénonce. aux créanciers saisissants, de la consignation, doit suffire, puisque cette dernière a pour effet de sauvegarder les droits de tous[1]. Et si aucun payement ne peut être fait sans le concours des saisissants, la dénonciation suffit pour leur permettre de veiller à leurs intérêts.

M. Dalloz s'appuie avec raison, pour soutenir cette opinion, sur une ordonnance du 3 juillet 1816, qui n'exige pas la mise en cause des créanciers opposants, et sur l'art 1259 C. Civ., qui décide que pour la validité de la

---

[1] *Contrà* Pigeau, 2, 76.—Roger, 432.—Chauveau sur Carré, 1952 *bis.*

consignation l'autorisation du juge n'est pas nécessaire.

Sur la poursuite du débiteur saisi qui la demande, le tiers saisi ne peut refuser la consignation, car l'existence d'une ou de plusieurs saisies-arrêts ne saurait paralyser l'exécution d'un titre et lui accorder un délai que ce dernier lui refuse.

M. Mersier[1], se basant sur ce que le payement fait au débiteur saisi est libératoire pour les opposants ultérieurs, sans être cependant opposable au premier saisissant, en conclut qu'il faut accorder à ce dernier un dividende égal, sur la somme retenue par le tiers saisi, à celui qu'il aurait obtenu sur l'intégralité de la créance arrêtée, et que le surplus seulement de ladite somme sera attribué à l'opposant ultérieur.

Une remise de dette, une concession d'un terme, une novation, ne peuvent avoir lieu au préjudice d'une saisie-arrêt, l'un des premiers effets de l'exploit étant de placer sous la main de justice les sommes arrêtées et d'en ôter ainsi la libre disposition au débiteur saisi.

Il n'en serait pas de même d'une remise forcée qui résulterait par exemple de l'état de faillite du tiers saisi et du concordat qu'il obtiendrait de la majorité de ses créanciers, car ce serait un fait étranger au saisi.

Pour la contribution à établir à suite de remise de dette, nous agirons comme au cas de payement; s'il y a concession d'un terme, la contribution s'établira sur la totalité, et le terme accordé ne sera opposable qu'aux saisissants postérieurs.

Quid au cas de compensation? Du moment où le tiers saisi est touché par l'exploit de saisie-arrêt, aucune

---

[1] *Revue pratique*, tom. XXIII, pag. 336.

compensation ne peut plus se produire à son profit[1], nous dit l'art. 1298 du C. Civ., qui est la conséquence de l'art. 1242 du même Code.

Quels sont alors les droits du tiers saisi en sa qualité de créancier du débiteur saisi ? Il n'a qu'un moyen : c'est de pratiquer une saisie-arrêt sur lui-même afin de venir en concours au marc le franc avec le créancier saisissant.

L'exploit a donc pour effet d'empêcher toute compensation entre la partie saisie et le tiers saisi.

Nous avons à distinguer si le tiers saisi devient créancier du débiteur saisi dans l'intervalle de deux saisies-arrêts.

1° Le tiers saisi pratique une saisie-arrêt sur lui-même:

Il se présentera à la distribution comme tous les autres saisissants et viendra avec eux au marc le franc sur le montant intégral de ce qu'il doit au saisi, quitte à compenser le reliquat qui pourrait exister.

2° Le tiers saisi n'arrête point sur lui-même :

En ce cas, si la créance du tiers est inférieure à la dette, la compensation se produira contre le second saisissant et non contre le premier, et tous deux viendront en concours sur la partie de la créance non compensée.

Si au contraire la créance du tiers saisi est égale à la dette, le second saisissant n'aura rien, tandis que le premier sera intégralement payé.

Passons maintenant à l'étude des difficultés qui surgissent lorsqu'il y a cession et concours de saisissants et de cessionnaire.

---

[1] Cette règle de l'art. 1298 repose sur ce principe que la compensation ne peut avoir lieu qu'entre deux dettes exigibles; or, ici ce n'est pas le cas, puisque le saisi ne peut forcer au payement le tiers saisi.

Si, en vertu de la disposition de l'art. 2279 Civ., en fait de meubles possession vaut titre, la saisie-arrêt devient impossible sur le mobilier lorsque le débiteur en a perdu la possession ; il n'en est pas de même pour les créances, car à l'acte de transport il faut, pour que la cession soit valable à l'égard des tiers, une notification ou une acceptation par acte authentique (1690 C. Civ.).

C'est pourquoi, contrairement à ce qui a été admis par certains auteurs, peu nous importe si la cession est antérieure ou postérieure à une saisie-arrêt; c'est seulement à la notification ou à l'acceptation du transport que nous aurons égard, puisque eux seuls sont susceptibles de rendre la cession valable à l'égard des tiers.

Une saisie-arrêt est pratiquée ; ensuite intervient la signification d'une cession. Si la somme due par le tiers saisie est suffisante pour solder le créancier saisissant et si le reliquat est égal au montant du transport, la cession vaudra en tant que cession et les parties se partageront la créance suivant leurs droits.

Mais il se peut, et c'est le cas le plus fréquent, que le montant de la créance soit inférieur à la somme des causes de la saisie et du *quantum* de la cession ; comment régler les droits des parties ? La saisie-arrêt empêche le débiteur saisi d'aliéner sa créance au préjudice de la saisie (1242 C. Civ.), mais non de contracter, avant ou après elle, des obligations qui viendront diminuer le dividende à attribuer à ce saisissant. Dès lors la cession, pour ce qui préjudicie à la saisie, ne produira pas son effet en tant que cession, c'est-à-dire en tant qu'opérant un transport à l'égard du saisissant, mais elle donnera au cessionnaire la qualité de créancier, et, la signification valant opposition, les parties viendront au marc le franc sur la créance due par le tiers saisi.

Supposons maintenant qu'après la cession interviennent de nouvelles saisies-arrêts : comment réglerons-nous les droits de ces saisissants postérieurs ? Selon que l'on admet que la saisie affecte toute la créance ou seulement jusqu'à concurrence des causes de la saisie, la solution variera.

Si l'on admet que la saisie-arrêt n'affecte la créance qu'à concurrence des causes de la saisie, le cessionnaire aura valablement acquis l'excédent de la créance sur ces causes. Le reste se partagera au prorata de leurs droits entre tous les créanciers : saisissant, cessionnaire (pour l'excédent du montant de sa cession sur la somme pour laquelle cette dernière a valablement procédé) et saisissants postérieurs à la cession.

Croyons-nous au contraire que la saisie-arrêt affecte la créance entière, nous calculerons autrement.

A l'égard du premier saisissant, le cessionnaire et les saisissants postérieurs ne sont que des créanciers opposants. Par une première distribution, nous ferons d'abord venir au marc le franc le premier saisissant, le cessionnaire et les saisissants postérieurs, sur le montant intégral des sommes dues par le tiers saisi.

Dans une seconde distribution, nous donnerons au cessionnaire, qui prend alors cette qualité vis-à-vis des opposants ultérieurs, tout ce à quoi il a droit, c'est-à-dire la totalité de ce qui reste si la cession est totale, une partie seulement si le reliquat suffit amplement pour le désintéresser, suivant le *quantum* de la cession.

Enfin, dans une troisième distribution, le reliquat, s'il y en a un, sera attribué aux saisissants postérieurs.

Comme il est impossible de régler les droits des parties en une seule distribution où l'on aurait à appliquer
des principes différents et inconciliables entre eux, l'art.
1242 ne pouvant être invoqué que par le premier saisissant et non par les saisissants postérieurs à la cession,
le système que nous proposons afin d'arriver à une distribution aussi équitable que possible, procède par distributions successives, avec lesquelles il déduit les droits respectifs des parties en appliquant la maxime : *Vigilantibus
jura subveniunt, non dormientibus*, pour régler l'ordre de
ces diverses distributions. C'est pourquoi, dans le classe-
ment que nous faisons, nous trouvant en présence d'intérêts opposés, basés sur des principes antagonistes, nous
plaçons en première ligne les parties qui ont été les plus
diligentes.

Soit donc une créance de 3,000 fr. frappée par *Primus* de saisie-arrêt pour 1,500 fr., ès-mains de *Tertius*;
un transport de 1,500 fr. est ensuite notifié par *Secundus* cessionnaire, lequel est suivi d'autres saisies-arrêts
par *Quartus* et *Quintus* pour une somme de 1,500 fr.

La saisie-arrêt, en vertu des principes que nous avons
émis, n'engendrant point de causes de préférence, et
Secundus cessionnaire devant être considéré vis-à-vis de
Primus comme un simple opposant en sa qualité de
créancier du débiteur saisi et de l'obligation de garantie
qui lui est due, nous allons, dans une première distribution, dégager le dividende du premier saisissant en concours avec tous les autres sur la créance du saisi.

Nous avons 3,000 fr., montant de la somme due par
le tiers saisi et 4,500 fr. d'oppositions : le dividende sera
de 1/3, c'est-à-dire que *Primus* aura 1,000 fr.

Restent deux mille francs à partager entre le cessionnaire *Secundus* et les saisissants postérieurs *Quartus* et *Quintus*.

Vis-à-vis de ces derniers, *Secundus* s'étant conformé aux prescriptions de l'art. 1690 C. Civ., et par suite devant leur être préféré [1], dans une seconde distribution il touchera le montant intégral de sa cession, soit 1,500 fr.

Enfin, dans une troisième distribution, les saisissants postérieurs *Quartus* et *Quintus* se partageront les 500 fr. formant le reliquat au prorata de leurs droits.

Soit encore une créance de 3,000 fr. saisie-arrêtée par *Primus*, toujours pour 1,500 fr., mais cédée en totalité à *Secundus* et suivie de saisies postérieures à la signification pour 1,500 fr.

Dans une première distribution, *Primus* aura 1,000 fr.

Dans une seconde distribution, *Secundus* aura 2,000 fr.

Et les saisissants postérieurs n'auront rien.

On peut, il est vrai, objecter que dans notre système nous donnons au premier saisissant un droit de préférence à l'égard des autres, droit qui est contraire au principe de l'art. 2093 C. Civ. Mais cette objection n'est que spécieuse. En effet, l'art. 2093 ne veut dire que ceci : Dans une même distribution, on ne saurait admettre d'autres causes de préférence que celles établies par la loi. Mais cet article ne prévoit pas le cas où une seule distribution ne peut régler les droits des parties. Dès lors il y a lieu, non pas de créer des causes de préférence en faveur de tel ou tel créancier, mais de régler l'ordre dans lequel des distributions successives doivent être

---

[1] Peu nous importe que la cession soit antérieure ou postérieure à la première saisie-arrêt ; c'est de la signification seule que nous devons nous préoccuper, puisqu'elle a pour effet de la rendre valable vis-à-vis des tiers.

opérées, pour déterminer les dividendes qu'une seule distribution ne saurait dégager. En ce cas, c'est la maxime : *Vigilantibus jura subveniunt, non dormientibus*, qu'il faut appliquer.

C'était aux saisissants postérieurs à ne pas retarder leur saisie jusqu'au moment où la créance de leur débiteur était sortie du patrimoine de ce dernier. Lorsqu'ils ont agi, il était trop tard; aux termes de l'art 1690, la cession signifiée ayant transporté la créance des mains du tiers saisi en celles du cessionnaire, ils n'y avaient plus aucun droit.

Si *Primus* profite de l'art. 1242 pour calculer son dividende, c'est qu'il a agi, c'est qu'en agissant il a créé valablement à son profit un droit à l'encontre duquel une cession ne pouvait être opposée en tant qu'opérant transport des deniers saisis. Un droit de préférence ne saurait donc exister que si *Primus* et les saisissants postérieurs avaient saisi en même temps ; ou bien si, au moment des saisies postérieures, la somme due par le tiers saisi appartenait toujours à leur débiteur, ce qui n'est pas notre cas.

Tel est le système qui, croyons-nous, de tous ceux qui ont été proposés, est celui qui respecte le plus les droits opposés des diverses parties.

Toutefois, en présence des divergences si multiples de la doctrine, nous ne pouvons que regretter que le législateur ne se soit pas décidé à intervenir et à régler définitivement la solution de difficultés devant lesquelles les meilleurs esprits se montrent hésitants.

A l'appui de ce désidératum, nous allons rapidement passer en revue les principaux systèmes soutenus par les auteurs dans la matière qui nous occupe.

Premier Système. — Tous les créanciers doivent concourir au marc le franc sur la totalité des sommes détenues par le tiers saisi, sans se préoccuper s'ils ont, antérieurement ou postérieurement à la cession, pratiqué leur saisie, la cession étant nulle, en vertu du principe d'indisponibilité absolue des sommes saisies-arrêtées.

Ce système, soutenu par des partisans de l'indisponibilité absolue des sommes saisies-arrêtées, a le tort de méconnaître les droits d'un cessionnaire qui cependant est créancier comme les autres [1].

2ᵉ Système. — L'excédent de la somme due par le tiers saisi peut être cédée à des tiers par le débiteur saisi, et les créanciers saisissants, soit avant, soit après la signification du transport, ne doivent venir par contribution que sur la somme pour laquelle la première saisie-arrêt a été pratiquée.

En ne faisant concourir tous les saisissants que sur la somme immobilisée par la première saisie-arrêt, ce système préjudicie indirectement au premier saisissant, pour lequel la cession n'existe point en tant que cession [2].

3ᵉ Système. — Afin d'éviter le préjudice causé au premier saisissant, on admet dans ce système les dispositions du précédent, avec cette modification que, la contribution une fois opérée entre tous les opposants, le saisissant antérieur à la signification de la cession a un recours contre le cessionnaire, recours égal à ce qu'il n'a pas reçu par suite du concours des saisissants postérieurs.

[1] Beltard, pag. 456, 2.
[2] Troplong, *Vente*, n° 526. — Toulouse, 26 août 1883. D. P. 64, 2, 5.

Ce système préjudicie aux droits du cessionnaire, pour lequel les saisies postérieures n'existent pas [1].

4° *Système.* — La cession vaut comme opposition à l'égard de tous les saisissants, et la distribution de la somme due par le tiers saisi a lieu au marc le franc entre tous les prétendants.

Ce système ne tient aucun compte de l'effet purement relatif de la saisie.

5° *Système.* — Le cessionnaire peut demander à être traité comme opposant : il vient alors au marc le franc avec les autres opposants, ou comme cessionnaire, et dans ce cas il prend tout ce qui excède les causes de la saisie antérieure à la signification du transport ; le surplus est attribué aux deux saisissants, non pas au marc le franc de leurs créances respectives, mais en donnant au premier tout ce qu'il eût eu si le cessionnaire n'avait été qu'un créancier saisissant.

Ce système, qui se rapproche un peu de celui que nous avons adopté, sacrifie les droits du premier saisissant et favorise par trop le cessionnaire [2].

6° *Système.*— Le cessionnaire doit être considéré vis-à-vis du premier saisissant comme un simple opposant et comme un cessionnaire dans ses rapports avec le second saisissant. Dès lors, le montant de la créance se partagera au marc le franc entre le premier saisissant et le cessionnaire ; le second créancier saisissant viendra en concours avec le premier sur le dividende attribué à celui-ci. Mais le premier saisissant aura le droit de réclamer du cessionnaire, qui n'est à son égard qu'un créancier

---

[1] Chauveau sur Carré, 1952 *bis.*
[2] Marcadé, 6, pag. 326.

opposant, la bonification de la différence en moins entre la somme qu'il recevra par suite de ce partage et celle qu'il aurait obtenue si la totalité de la créance avait été proportionnellement répartie entre lui, le cessionnaire et le saisissant postérieur [1].

Ce système, que la jurisprudence tend à consacrer, nous paraît ne pas tenir compte du principe d'égalité entre les divers créanciers de l'art. 2093 C. Civ.

Nous nous bornons à l'exposé de ces six systèmes; un grand nombre d'autres ont été proposés, mais il nous suffit de citer les principaux pour montrer, ainsi que nous l'avons dit au début, combien cette question est loin d'avoir reçu une solution définitive et combien est désirable l'intervention du législateur [2].

Notons, en terminant ce chapitre, qu'aux termes de l'art. 2244 du C. Civ., la prescription est interrompue au préjudice du débiteur saisi par la dénonciation de l'exploit de saisie-arrêt, suivie de la demande en validité dans les délais légaux. L'interruption se produira même si la demande en validité n'aboutit point, car l'article est formel [3].

Si l'exploit ne fait pas courir les intérêts des sommes dues par le tiers saisi, il n'en est pas de même de l'assignation en validité pour les sommes dues par le débiteur saisi au créancier saisissant.

[1] Aubry et Rau, 2, pag. 556. — Toulouse, 26 août 1863. D. P. 64, 2, 5. — Orléans, 11 mai 1859. D. P. 59, 2, 172.

[2] Voir Mourlon, *Examen critique et pratique du commentaire de Troplong sur les privilèges*, pag. 40. — Roger, 2ᵉ édit., 250 *ter*. — Mersier, *Revue pratique*, 1867. — Barillet, *Revue pratique*, 1863. — Flamm., *Revue critique*, 1851. — Colmet Daage, 2, 893. — Mourlon, *Revue de Droit Français et Étranger*, 1848.

[3] Besançon, 28 avril 1875. D. P. 73, 2, 109.

CHAPITRE VI.

Effets du jugement de validité et résultats définitifs de la saisie-arrêt.

Il nous reste maintenant à examiner quel est l'effet du jugement de validité, qui, s'il y a titre authentique, s'est contenté de déclarer la saisie valable et, dans le cas contraire, a en plus condamné le débiteur saisi.

Le législateur ne nous a encore point indiqué quels sont les droits définitifs des parties en cause, une fois que toutes les contestations auxquelles la saisie-arrêt a donné lieu ont été vidées. L'art. 579 se contente de nous dire : que si la saisie-arrêt est déclarée valable, il sera procédé à la vente et distribution du prix, ainsi qu'il en sera dit au titre de la distribution par contribution.

Nous sommes donc tenu de recourir à la saisie-exécution pour trouver les règles concernant la délivrance et la distribution des deniers ou effets arrêtés, et aux principes généraux pour les droits définitifs des parties en cause.

Avant de nous demander quels sont les effets du jugement de validité vis-à-vis du débiteur, du tiers saisi et du saisissant, examinons d'abord une question qui, une fois résolue, simplifiera notre tâche.

Quels sont les effets du jugement de validité à l'encontre des tiers ; ces derniers perdent-ils tous droits sur les sommes saisies ? En d'autres termes, le saisissant qui a fait valider sa saisie-arrêt a-t-il un droit exclusif sur les sommes par lui saisies-arrêtées ; ou bien d'autres créanciers peuvent-ils intervenir, saisir-arrêter à leur tour les mêmes sommes pour en faire ordonner la distribution tant que le payement n'a pas été effectué?

Dans notre Droit, il est un principe qui domine toutes les saisies ; ce principe est le suivant : Tout créancier ne peut, pour obtenir ce qui lui est dû, s'approprier les biens de son débiteur ; il n'a que le droit de les *faire vendre* pour se payer sur le prix.

Ce principe aurait dû s'appliquer aussi bien au cas de saisie-arrêt d'objets autres qu'une somme d'argent qu'à celui de deniers. On aurait ainsi singulièrement simplifié et évité une controverse des plus graves qui divise la doctrine.

Mais il n'en a pas été ainsi, et, établissant une distinction dont la seule base est la tradition, la majorité de la doctrine et de la jurisprudence admet que le jugement qui déclare une saisie-arrêt de deniers bonne et valable, autorise le saisissant à toucher du tiers saisi le montant de sa créance. Par suite, qu'il opère en sa faveur la saisine des deniers arrêtés, et un véritable transport judiciaire qui lui attribue le droit d'être payé de préférence et à l'exclusion de toutes les saisies intervenant avant complète libération du tiers saisi.

Contrairement à ce qui est admis pour le cas de saisie-arrêt de sommes d'argent, il est universellement adopté que, s'il s'agit d'objets autres qu'une créance, le jugement de validité ne transporte pas au saisissant la propriété des objets (ce qui n'est possible qu'au cas de gage, art. 2078 C. Civ.) et ne lui donne que le droit de faire vendre et distribuer le prix suivant les formes de la saisie-exécution. Ce ne sera donc qu'après la collocation définitivement arrêtée que les tiers perdront tous droits sur le prix des objets saisis.

Tout en admettant, en principe, l'idée de transport judiciaire opéré par le jugement de validité lorsqu'il s'agit d'une somme d'argent, Pigeau (*Comment. du C. de Proc.*, art. 576), Dalloz (n° 459) et Chauveau (n° 1972) repoussent les mots de transport judiciaire et même ceux de délégation parfaite pour exprimer l'effet du jugement, et déclarent que son effet est d'opérer une *délégation imparfaite*.

Lorsque nous voyons des auteurs si recommandables et si pratiques dire que le jugement de validité opère *dessaisissement* du débiteur au créancier, *délégation ou transport de son titre* au saisissant par l'effet d'une sorte de *Cessio in jure* (Chauveau, 1971 *bis*), qu'il y a *saisine* du créancier, que le *juge fait le payement à la place* du débiteur, *que la volonté de la justice remplace celle du saisi*, que le saisissant *devient propriétaire de la créance* (Dalloz, n° 445 et suiv.), et cependant finir par conclure qu'il n'y a pas transport judiciaire mais bien *simplement délégation imparfaite*, nous nous demandons si c'est à bon droit que la majorité de la doctrine et de la jurisprudence, s'appuyant sur la seule tradition, a établi une distinction entre le cas de deniers et celui d'objets autres qu'une somme d'argent, et si leur opinion n'est pas condamnable.

Ainsi que nous l'avons vu, deux situations bien distinctes peuvent se présenter. Le créancier saisissant est porteur ou non d'un titre authentique. S'il y a titre authentique, il peut lier le tiers saisi à sa poursuite, et au cas de non-contestation, sur la déclaration de ce dernier, obtenir un jugement qui valide la saisie et ordonne au tiers saisi de payer au saisissant la somme dont il s'est reconnu débiteur à l'égard du débiteur saisi. Dans ce cas, on peut, il nous semble, déclarer avec raison que le jugement a opéré en faveur du créancier une sorte de transport que l'on peut qualifier de délégation imparfaite.

Mais il n'y a pas titre authentique, et par suite, après le jugement de validité qui condamne le débiteur et valide la saisie, il sera peut-être nécessaire de recourir à un second jugement sur la déclaration du tiers saisi. Dans ce cas, à quel moment a lieu l'attribution judiciaire ? Au moment où intervient le premier ou le second jugement ?

Carré (n° 1972) dit nettement : « Le jugement qui ordonnera le dessaisissement est, soit celui qui juge la saisie valable et ordonne en même temps que le tiers saisi qui aurait été assigné en déclaration se dessaisisse entre les mains du saisissant, soit celui qui, dans le cas où l'assignation n'a pas eu lieu, ordonne le dessaisissement après la déclaration faite par le tiers saisi sur la notification du jugement qui déclare la saisie valable [1] ».

Cette distinction est des plus logiques, car, s'il n'y a pas titre authentique lorsque le jugement de validité intervient, il n'y a encore rien de jugé ; quant au tiers saisi, aucun ordre ne lui a été donné puisqu'il n'a pu être mis en cause.

Mais alors ce n'est pas le jugement de validité lui-même qui dans ce cas opère la saisine ; c'est le jugement qui intervient à suite de la déclaration du tiers saisi. Alors, suivant que le saisissant sera ou non muni d'un titre authentique, le jugement de validité opérera ou non dessaisissement ! Telle est la conclusion que nous croyons

[1] *Sic* Proudhon, *Usufruit*, 2236.

logique, et cependant il paraît assez étrange que l'effet d'un jugement soit subordonné à une question de forme.

Malgré ce, repoussant complètement l'idée de saisine et de transport judiciaire émise par une partie de la doctrine et de la jurisprudence, nous adoptons entièrement l'opinion soutenue par MM. Pigeau, Chauveau et Dalloz, à savoir: que le jugement de validité produit l'effet d'une délégation imparfaite, qui s'opère tantôt par le jugement de validité, tantôt par le jugement qui intervient à suite de la déclaration affirmative.

En effet, de même que le délégataire reste le créancier du déléguant tout en devenant celui du délégué, le créancier saisissant, non complètement désintéressé par le tiers saisi, aura toujours un recours contre son débiteur. On agit ainsi, comme au cas de l'art. 133 du C. de Proc., aux termes duquel l'avoué demandeur en distraction des deniers dus à son client n'en conserve pas moins son action contre sa partie.

La saisie-arrêt n'est qu'une conséquence des dispositions de l'art. C. 1166 Civ.; c'est donc à juste titre qu'on permet au saisissant qui a veillé à ses droits, qui a été diligent, de toucher, à l'exclusion de tout autre, ce qui est dû à son débiteur; créance le plus souvent conservée par suite de sa saisie.

Au cas de saisie-arrêt de somme d'argent, on peut, en somme, concevoir que la justice fasse ce que le débiteur eût pu faire volontairement, car il s'agit ici d'une somme d'argent qui tombe sous la main de la justice, avec laquelle elle paie les créanciers du débiteur. Cet acte, que l'on peut qualifier de quasi-contrat judiciaire, et qu'elle a le droit de faire, peut, à bon droit, remplacer la convention et conférer des droits.

Et comme, une fois une première délégation accomplie, une seconde est impossible au profit d'un nouveau délégataire et au détriment du premier, nous croyons que c'est ainsi que le jugement de validité ou le jugement sur la déclaration affirmative mettent obstacle à de nouvelles saisies-arrêts.

Si, aux termes de l'art. 2093 C. Civ., tous les biens d'un débiteur sont le gage commun de ses créanciers, et si les articles 573 et 575 C. Proc. prévoient le cas de saisies-arrêts postérieures, il n'y a pas lieu de les appliquer ici, attendu que depuis le jugement la créance ne fait plus partie du patrimoine du débiteur saisi et que les articles cités trouvent leur application dans le cas de concours de plusieurs saisies-arrêts pratiquées avant le jugement [1].

Le jugement n'opère donc point un véritable transport, il y a plutôt une délégation imparfaite (art. 275 C. Civ.), car le saisissant ne donne pas quittance au débiteur saisi et reçoit le tiers saisi comme débiteur.

Il n'y a pas non plus novation, car le saisi reste toujours propriétaire des choses saisies-arrêtées jusqu'à ce que les saisissants les aient partagées entre eux ; il reste créancier des sommes saisies, à moins que le tiers saisi ne les ait consignées.

---

[1] *Sic* Pigeau, *Comm.*, 2, 171.—Dalloz, 11, 632.—Thomine, tom. II, pag. 80, n° 653.—Boitard, tom. III, pag. 373. — Proudhon, *Usufruit*, tom. V, n° 2270.—Berriat, *Proc.*, 523.—Chauveau sur Carré, 1971 *bis*. — Bonfils, Doyen, Professeur de Procéd. Civile à la Faculté de Droit de Toulouse, à son cours.—C. Cass., 30 janvier 1812. J. G. D., *Saisie-arrêt*. 415.— Cass., 15 avril 1856. D. P. 56, 1, 252.—Dijon, 8 février 1858. D. P. 60, 2, 38.

Contrà Roger, n° 613. — Rennes, 19 juillet 1820. — Paris, 11 novembre 1841, et 10 mai 1842. J. G. D., 416, *Saisie-arrêt*.

Mais à quel moment se produit cet effet du jugement ? Faut-il qu'il y ait force de chose jugée pour que les droits des saisissants soient irrévocables et que des tiers ne puissent intervenir à leur tour ?

Si la jurisprudence est unanime à consacrer les effets translatifs du jugement de validité, elle est loin d'être d'accord sur le point de départ de ce transport ou de cette délégation.

Quelques décisions n'admettent cet effet du jugement que lorsqu'il a acquis l'autorité de la chose jugée[1]; d'autres, du jour de la prononciation du jugement[2]; enfin la Cour de Paris, seulement du jour de la signification[3].

Adoptant la doctrine de la Cour de Cassation, nous croyons que le jugement n'opère délégation que s'il est irrévocable, comme la convention des parties, dans la délégation volontaire. Ce ne sera donc qu'après les délais de l'opposition ou de l'appel, lorsqu'il aura acquis l'autorité de la chose définitivement jugée, que l'effet sera produit vis-à-vis des tiers.

Avant l'expiration de ces délais, de nouvelles saisies-arrêts pourront intervenir, mais leur validité sera subordonnée à la réformation du jugement. Une fois confirmé,

---

[1] Lyon, 21 août 1827, D., *Saisie-arrêt*, 115.—C. Cass., 20 mai 1839, D., *Saisie-arrêt*, 115.— Cass., 20 novembre 1860. D. P. 60, 1, 478.— Cass., 13 février 1865, D. P. 65, 1, 79.— Cass., 28 décembre 1880. *Gazette des Trib.*, 30 décembre 1880. —*Contrà* Dalloz, *Saisie-arrêt*, 152.—Beitard, 2, 831.—Chauveau, 1972 *ter*. Notre opinion la repousse quant aux jugements par défaut frappés d'opposition, cette dernière remettant tout en l'état.

[2] Agen, 20 décembre 1853, *J. des Avoués*, tom. LXXIX, pag. 174. — Bourges, 23 mai 1855, *J. des Avoués*, tom. LXXXI, pag. 312.

[3] Paris, 24 décembre 1857, 20 mai 1858, *J. des Avoués*, tom. LXXXIV, pag. 24.

et en vertu des principes qui règlent l'autorité de la chose jugée, elles seront frappées de nullité.

Mais, pour opérer cet effet, le jugement doit-il être signifié ? Puisqu'il opère par voie de délégation imparfaite, c'est une cession qui, aux termes de l'art. 1690, doit être signifiée [1].

On a soutenu que la signification n'était pas nécessaire, parce qu'en règle ordinaire on signifie afin d'empêcher le cédé de payer ; or, ici il n'en est pas de même. Nous répondons à cela que la loi ne borne pas seulement l'effet de la signification à empêcher tout payement de la part du débiteur cédé, puisqu'elle dit : *que la signification aura effet vis-à-vis des tiers.*

En résumé, le saisissant qui a obtenu un jugement sur l'instance en validité n'évitera le concours de saisissants postérieurs que tout autant que ce jugement aura été signifié [2] et sera passé en force de chose jugée.

Dès lors, la faillite du débiteur saisi, déclarée après le jugement et sa signification, mais avant qu'il ait acquis l'autorité de la chose jugée, empêche au jugement de produire son effet et laisse la créance du tiers saisi dans l'actif du débiteur failli, pour être distribuée à ses créanciers [3].

Au contraire, alors même que l'ouverture de la faillite aurait été reportée à une époque antérieure, l'effet produit par le jugement ne pourra être anéanti par elle si ce dernier a acquis l'autorité de la chose jugée avant la déclaration [4].

[1] Chauveau, 1972. — Cass., 1er août 1849. D. P. 49, 1, 287.
[2] A moins que le tiers saisi n'ait figuré dans l'instance.
[3] Cass., 20 novembre 1860. D. P. 60, 1, 178.
[4] Dijon, 8 février 1858. D. P. 60, 2, 38. — Cass., 9 juin 1869. D. P. 72, 5, 396.

Nous devons cependant reconnaître que ce dernier point est vivement controversé.

On objecte que l'autorité judiciaire tient simplement pour accomplir une opération que les parties auraient pu ou même dû exécuter volontairement; que, l'œuvre de la justice se substituant simplement à celle des parties, la décision intervenue doit toujours être annulable. En outre, dit-on : la justice peut avoir été induite en erreur par les parties, et par suite sanctionner une fraude ? En effet, le saisi n'a qu'à s'entendre avec le saisissant; tous les deux se gardent bien de faire connaître le mauvais état des affaires du débiteur saisi, et une décision judiciaire est rendue, sans que les créanciers puissent intervenir à temps, par suite de ce concert frauduleux.

C'est le texte même de l'art. 447 du C. de Commerce qu'il faut examiner pour savoir à quoi s'en tenir sur la solution à adopter. L'article dit : peuvent être annulés *les payements faits par le débiteur, les actes à titre onéreux passés avec lui*. Puisqu'il énonce les actes qui peuvent être annulés, c'est qu'il est exceptionnel, c'est qu'il déroge au droit commun, c'est-à-dire au principe de l'art. 1167 du C. Civ., dont il limite les effets. Il doit donc être appliqué restrictivement; c'est pourquoi on ne saurait étendre ses dispositions à une décision judiciaire qui surtout a acquis l'autorité de la chose jugée.

De plus, le magistrat, qui ne se prononce qu'après un examen attentif de la cause, cherche toujours à sauvegarder les intérêts des parties; sa décision, si différente des actes consensuels, échappe donc à tout soupçon de fraude; c'est pourquoi les jugements ou arrêts possèdent une irrévocabilité que ne peuvent avoir les actes ordinaires.

Les décisions judiciaires ne sont point rendues à huis clos, les actes judiciaires ne peuvent s'exécuter dans l'ombre, comme les actes ordinaires : les tiers ont dès lors toute facilité pour les connaître. Ils peuvent, avant que la justice ait prononcé en dernier ressort, prendre toutes les précautions susceptibles de sauvegarder leurs droits, proposer une déclaration de faillite, pratiquer à leur tour des saisies. Enfin, la loi a créé une voie de recours extraordinaire contre les jugements: la tierce opposition ; ils n'ont qu'à s'en servir si toutes les autres voies de recours ne leur sont point accessibles.

C'est donc avec raison que nous avons admis la non-application de l'art. 447 du Code de Commerce, si le jugement de validité a acquis l'autorité de la chose jugée avant la déclaration de faillite [1].

En outre, les créanciers dont la saisie-arrêt est postérieure au jugement ne sont pas recevables à former tierce opposition au jugement de validité lorsqu'il a acquis l'autorité de la chose jugée, car ils n'ont ni droit ni intérêt à critiquer la chose jugée [2].

Y a-t-il délégation imparfaite même si la créance n'est pas exigible ? Évidemment oui, car rien n'empêche de déléguer un débiteur à terme; le saisissant devra, bien

---

[1] *Sic* Paris, 8 mai 1879. D. P. 81, 2, 225. — C. Cass., 21 décembre 1881. D. P. 84, 1, 193. — Bourges, 14 juin 1882. D. P. 83, 2, 221. — *Contrà* Paris, 13 août 1860. D. P. 60, 5, 174. La jurisprudence a varié sur ce point : ainsi, un arrêt de la Cour de Bourges du 11 juillet 1831, D. P. 32, 2, 72, a admis que, nonobstant la faillite, un jugement qui n'avait pas acquis l'autorité de la chose jugée au moment de la déclaration de faillite, mais qui par la suite n'avait été ni rétracté ni réformé pour d'autres motifs, conservait toute son efficacité, nonobstant la déclaration.

[2] Cass., 23 février 1822, D., *Saisie-arrêt* 459.

entendu, respecter le terme, ou bien obtenir du tribunal l'autorisation de faire vendre la créance saisie.

Si l'on admet au contraire le système de la Cour de Cassation, c'est-à-dire l'idée de transport judiciaire, de subrogation, de propriété de la créance passant de la tête du débiteur saisi sur celle du saisissant, il n'est pas aussi facile d'admettre un pareil effet du jugement de validité pour les créances à terme.

En effet, une créance à terme n'est pas de l'argent; or, le juge qui ordonne le payement transmet des deniers si la créance est exigible, tandis que c'est un droit qu'il transmet dans le cas contraire, car il ne peut qu'ordonner la vente. Aussi de nombreuses divergences se sont produites en jurisprudence, et si la Cour de Cassation n'opère point de distinction [1], d'autres décisions se prononcent en sens contraire [2].

Mais si le jugement qui prononce la validité d'une saisie opère une délégation imparfaite à l'égard des saisissants, même lorsque la créance n'est pas exigible, faut-il encore qu'elle soit née et appartienne au saisi. C'est pourquoi les loyers, les appointements non échus, restent le gage commun de tous les créanciers [3].

Un arrêt de la Cour de Cassation du 5 janvier 1857 (D. P. 57, 1, 217) a décidé que le locataire dont les loyers ont été saisis-arrêtés d'avance, a pu valablement continuer de verser aux mains du créancier saisissant les loyers dus par lui, en vertu d'une tacite reconduction. Nous ne pouvons que repousser cette doctrine, qui nous paraît peu fondée.

[1] Cass., 30 janvier 1812. D., *Saisie-arrêt*, 419.
[2] Angers, 30 avril 1830. D., *Saisie-arrêt*, 450.
[3] Roger, 649. — Chauveau, 1972.

Comme conséquence de notre système, nous pensons :

1° Qu'une femme qui a demandé la séparation de biens avant le jugement peut exercer ses reprises sur la somme saisie [1].

2° Que si, durant l'instance d'appel du jugement de validité, le débiteur saisi décède et si la succession est déclarée vacante, les sommes saisies-arrêtées doivent être déposées à la Caisse des dépôts et consignations, comme toute autre somme dépendant de la succession, et non pas versées entre les mains du saisissant [2].

Enfin, notons que l'effet produit par le jugement n'annihile pas les droits antérieurement acquis par d'autres créanciers ; si dès lors il existe d'autres saisies, soit antérieures au jugement, soit même à la date où il a acquis l'autorité de la chose jugée, les sommes saisies doivent être distribuées par contribution entre tous les saisissants [3].

Maintenant que nous avons étudié quel est l'effet du jugement, passons à l'examen des résultats définitifs de la saisie-arrêt une fois que toutes les contestations, soit sur la validité de la saisie, soit sur la déclaration du tiers saisi, ont été vidées.

Constatons, une fois de plus, que le législateur a complètement négligé de poser des règles établissant les droits respectifs des parties, l'art. 579 Proc. se bornant à nous dire que, la saisie-arrêt déclarée valable, il sera procédé à la vente et distribution du prix, ainsi qu'il sera dit au titre de la distribution par contribution.

Une fois toutes les contestations réglées, les droits

---

[1] Angers, 30 mai 1855, Roger, n° 190.
[2] Cass., 13 février 1865.
[3] Cass., 5 août 1856. D. P. 56, 1, 335. — Cass., 20 février 1865. D. P. 65, 1, 369. — Cass., 25 juillet 1871. D. P. 71, 1, 302.

accordés au saisissant sont ceux qui appartenaient au débiteur saisi à l'encontre de son débiteur le tiers saisi. Les jugements intervenus n'ont introduit aucune modification, puisqu'il n'y a pas novation dans la dette du saisi envers le saisissant.

Le créancier saisissant ne donne pas décharge au saisi, il reçoit seulement le tiers saisi comme nouveau débiteur jusqu'à concurrence de ce qu'il doit à son créancier.

Dès lors, le saisi reste toujours propriétaire des objets saisis-arrêtés, et ce, jusqu'à la vente; il reste également créancier du tiers saisi jusqu'au payement. En effet, la délégation imparfaite qui résulte du jugement laisse subsister la créance.

De ce que le débiteur saisi reste toujours créancier du tiers saisi, nous en tirerons les conséquences suivantes :

1° Le débiteur saisi a le droit de faire à l'encontre du tiers saisi tous les actes conservatoires qu'il jugera nécessaires pour la conservation de ses droits.

2° Si le tiers saisi devient tout à coup insolvable, il n'incombe au saisissant aucune responsabilité pour n'avoir pas fait exécuter le jugement intervenu avant l'insolvabilité.

3° Enfin le débiteur saisi ne peut ni invoquer le bénéfice de discussion ni se dispenser de payer, sous prétexte que le tiers saisi est devenu insolvable et que le retard apporté par le saisissant à l'exécution du jugement est la seule cause de la perte qu'il éprouve.

Le jugement n'opérant pas novation, si, par suite, le tiers saisi est un acquéreur d'immeuble impayé, il peut, par la voie légale du délaissement par hypothèque, se soustraire au payement du prix saisi-arrêté entre ses mains.

Le créancier saisissant nanti des mêmes droits que le débiteur saisi avait contre le tiers saisi a le droit de poursuivre ce dernier comme l'aurait fait son débiteur; il doit donc respecter le terme, à moins que le tiers saisi n'ait été déclaré, par sa faute, débiteur pur et simple des causes de la saisie.

Enfin, il ne pourra contraindre le tiers saisi au payement qu'en se conformant aux dispositions de l'art 548 C. Pr. touchant l'exécution des jugements contre les tiers.

Si le saisi, une fois le jugement rendu, ne peut contester la créance pour laquelle la saisie-arrêt a été validée, de son côté le tiers saisi ne peut se libérer valablement qu'en payant aux mains du créancier saisissant.

En payant le saisissant, le tiers saisi se libère et libère également le saisi jusqu'à concurrence des sommes remises au créancier poursuivant. Cependant, s'il a été déclaré débiteur pur et simple des causes de la saisie par suite de défaut de déclaration, il ne libère que lui-même lorsqu'il ne doit rien au saisi. Dans ce cas, tenu de payer la dette d'autrui, il a la subrogation légale, conformément aux dispositions de l'art. 1251 C. Civ.

Le tiers saisi peut, dans tous les cas, retenir les frais par lui exposés pour suivre la procédure. Mais peut-il être contraint de payer immédiatement après le jugement ? Aux termes de l'art. 548 C. Proc., les jugements qui ordonneront un payement ou quelque chose à faire par un tiers ou à sa charge ne seront exécutoires par les tiers ou contre eux, *même après les délais de l'opposition ou de l'appel*, que sur le certificat de l'avoué de la partie poursuivante, contenant la date de la signification du jugement faite au domicile de la partie condamnée, et sur l'attestation du greffier qu'il n'existe contre le jugement ni opposition ni appel.

Mais ces certificats suffisent-ils pour libérer valablement le tiers saisi si leur production a eu lieu avant l'expiration des délais d'appel, et leur production suffit-elle pour qu'il soit tenu de payer ? La doctrine est divisée sur ce point: nous croyons, avec la majorité des auteurs, qu'il ne faut pas prendre à la lettre les mots : *même après les délais de l'opposition ou de l'appel* de l'art. 548, et que le tiers saisi ne peut être contraint de payer et ne paye valablement en mettant sa responsabilité à couvert, qu'après l'expiration complète des délais d'appel ou d'opposition. Sans cela, on ne comprendrait pas pourquoi l'art. 548 exige que le certificat de l'avoué contienne la date de la signification du jugement au domicile du saisi.

Le jugement n'est donc exécutoire vis-à-vis du tiers saisi qu'une fois les délais expirés : tel est l'esprit de la loi (548).

Mais il n'en est pas de même à l'égard du débiteur saisi, à l'encontre duquel le jugement non encore attaqué est exécutoire [1].

Quid si le tiers saisi a payé à suite d'un jugement exécutoire par provision? Ce point est vivement controversé en jurisprudence. D'après certaines décisions, le tiers saisi serait valablement libéré quoique en appel le jugement ait été annulé [2]. Au contraire, d'autres arrêts plus récents repoussent toute idée de libération valablement faite, en admettant que l'art. 548 est applicable aux jugements exécutoires par provision [3].

[1] *Sic* Roger, 621. — Chauveau, 1906. — Boitard, 2, 419. — Rouen, 8 février 1812. D. P. 42, 2, 93. — *Contrà* Pigeau, 2, 427. — Rodière, 2, pag. 47. — Doncenne, 3, pag. 143.

[2] Rouen, 6 mai 1829, D., *Saisie-arrêt*, 396. — Bordeaux, 21 août 1839. D., *Appel*, 1212.

[3] Pau, 14 mars 1837, D., *Jugement*, 533. — Grenoble, 8 février 1849. D. P. 49, 2, 255. — Cass., 9 juin 1858. D. P. 58, 1, 246.

Nous pensons qu'il faut distinguer : si le tiers saisi a été partie au jugement portant exécution provisoire, l'art. 548 n'est pas applicable, et il payera valablement; si au contraire il n'a pas été partie à ce jugement, il ne peut valablement se libérer qu'en exigeant l'accomplissement des formalités de cet article, et, s'il a payé, ce sera à ses risques et périls [1].

Ces principes sont applicables aux comptables publics, sauf, bien entendu, les dispositions de lois spéciales.

La saisie-arrêt peut-elle engager la responsabilité du saisissant? Évidemment, surtout lorsqu'il a agi dans un esprit de vexation et de mauvaise foi à l'encontre du débiteur saisi.

Ajoutons que si les causes de la saisie-arrêt excèdent le taux du dernier ressort, il n'est statué qu'à charge d'appel (443 C. Proc.).

La saisie déclarée valable, il sera procédé à la vente et à la distribution du prix, ainsi qu'il sera dit au titre de la distribution par contribution, nous dit l'art. 579, qui ne s'applique qu'aux objets corporels.

C'est devant le tribunal qui a déclaré la saisie valable qu'a lieu la distribution, soit des deniers arrêtés, soit du prix des objets vendus.

On observe pour la vente des objets les formalités de la saisie-exécution, mais sans qu'il soit nécessaire de dresser un procès-verbal pour parvenir à cette vente, l'état exigé par l'art. 578 en tenant lieu [2] (art 656 à 672 C. Proc.).

[1] Dalloz, *Saisie-arrêt*, 397. — Roger, 623.
[2] Pigeau, 2, 67. — Chauveau, 1979.

III.

CHAPITRE PREMIER.

Saisies-arrêts spéciales.

Depuis longtemps on avait senti la nécessité de ne point soumettre l'État au droit commun en matière de saisie-arrêt, et d'édicter en sa faveur des règles spéciales. Ces règles, que nous allons rapidement étudier, ont toutes pour but, soit de mettre sa responsabilité à couvert, soit de rendre sa tâche plus facile en simplifiant la procédure.

PREMIÈRE SECTION.
SAISIES-ARRÊTS ÈS-MAINS DES FONCTIONNAIRES PUBLICS.

Les saisies-arrêts sur les caisses publiques étaient, dans notre ancien Droit, régies par des règles spéciales. Ainsi, nous trouvons une déclaration du 20 janvier 1736, des lettres patentes du 3 juin 1756 et du 19 janvier 1778 qui réglementaient la forme des saisies arrêts ès-mains des fonctionnaires publics, ainsi que les décrets du 17 février 1792, 13 mai 1793 et 13 pluviôse an XIII pendant la période intermédiaire.

Enfin le Code de Procédure établit des règles spéciales dans les art. 561 et 569, règles complétées par le décret du 18 août 1807.

Indépendamment des formalités exigées pour tout

exploit de saisie-arrêt, l'exploit ès-mains des fonctionnaires publics doit contenir les nom et qualités de la partie saisie, la désignation de l'objet saisi, si c'est pour fournitures, traitements, etc., la somme pour laquelle la saisie-arrêt est faite, ainsi qu'un extrait ou copie conforme du titre en vertu duquel on saisit et non une simple énonciation.

Si ces formalités ne sont pas remplies, l'art. 3 du décret de 1807 déclare l'exploit nul de plein droit et sans qu'il soit nécessaire d'en demander la nullité aux tribunaux.

L'exploit n'est également pas valable s'il n'est adressé à la personne préposée pour les recevoir et s'il n'est visé par elle sur l'orginal [1] ou, en cas de refus, par le Procureur de la République (art. 561), « lequel en donnera avis de suite aux chefs des administrations respectives, aux termes de l'art. 5 du décret sus-énoncé ».

Ce sont les receveurs, dépositaires ou administrateurs de deniers publics, qui doivent recevoir signification de la saisie-arrêt et non les chefs d'administration ou ordonnateurs des dépenses publiques, départementales ou communales.

Des règlements particuliers désignent dans chaque branche d'administration les préposés chargés de les recevoir. Ainsi, pour les cautionnements, les saisies-arrêts sont faites directement au Trésor, au bureau des oppositions ou au greffe des tribunaux dans le ressort desquels les titulaires exercent leurs fonctions. Ainsi, au greffe du tribunal civil pour les officiers ministériels, et

[1] Le visa étant exigé dans l'intérêt de l'administration, le saisi ne pourrait se plaindre de son défaut ou de son irrégularité. Il doit être délivré sans frais, art. 1039 C., Proc.

au greffe du tribunal de commerce pour les agents de change et courtiers.

Dans le premier cas, la saisie-arrêt affecte le capital et les intérêts échus ou à échoir; dans le second cas, le capital seulement [1].

C'est à Paris entre les mains du préposé, et dans les départements entre celles des trésoriers-payeurs généraux, que doit être signifié l'exploit pour saisir-arrêter les sommes déposées à la Caisse des dépôts et consignations [2].

Notons que la saisie-arrêt ès-mains des receveurs communaux est soumise au droit commun; ce n'est qu'en faveur des Caisses d'épargne, dont la loi du 5 juin 1835 a assimilé les comptables à ceux de deniers publics, que des règles spéciales sont applicables.

La saisie-arrêt ès-mains des fonctionnaires doit être dénoncée au saisi et une demande en validité doit être faite, sans toutefois être dénoncée au tiers saisi [3].

Contrairement à ce qui se pratique habituellement, les receveurs ou administrateurs des Caisses ne peuvent être assignés en déclaration, aux termes de l'art. 569 C. Proc.; ils doivent délivrer un certificat constatant s'il est dû à la partie saisie et énonçant la somme, si elle est liquide. Ce certificat n'est point accompagné de pièces justificatives, il doit être demandé par voie de pétition sur papier timbré.

Au cas où d'autres saisies-arrêts existeraient aux mains

---

[1] Loi 25 nivôse an XIII. — Ordonnance 31 mai 1838, art. 127, 128. Avis du Conseil d'État du 12 août 1807. — Loi de finance du 9 juillet 1836, art. 13.

[2] Lois du 24 août 1793, 25 juillet 1839, 22 juin 1817.

[3] Cass., 12 novembre 1877. D. P. 78, 1, 153.

des dépositaires ou administrateurs, sur la même partie et pour le même objet, ils doivent le mentionner dans le certificat ; ou bien, si postérieurement à la délivrance du certificat il intervient d'autres saisies, ils sont tenus de fournir un extrait donnant tous les détails.

Ce certificat ne peut être refusé; au cas de refus, on doit s'adresser à l'autorité supérieure et réclamer des dommages-intérêts s'il y a eu préjudice causé.

Les payeurs peuvent se libérer en versant à la Caisse des dépôts et consignations, conformément à l'ordonnance du 16 septembre et 1er octobre 1807; ce dépôt libère l'État.

Enfin la saisie-arrêt n'a d'effet que jusqu'à concurrence de la somme portée en l'exploit. Formée sur les deniers de l'État ou sur la Caisse des dépôts et consignations, elle n'a d'effet que pendant cinq ans à compter de sa date ou du jugement de validité signifié (loi du 9 juillet 1836, art. 14 ; loi du 8 juillet 1837, art. 11).

SECTION II.

SAISIES-ARRÊTS FORMÉES PAR L'ÉTAT ET LES ADMINISTRATIONS PUBLIQUES.

L'État et les administrations publiques, avant de poursuivre, font précéder leur action d'une contrainte, sorte de titre exécutoire qui pour l'État vaut un jugement. L'administration de l'enregistrement, pour le recouvrement des droits dus à l'État, est dispensée du ministère des avoués; de simples mémoires respectivement signifiés sans plaidoiries suffisent [1]. Mais si le ministère de l'avoué

---

[1] Loi 22 frimaire an VII, Loi 27 ventôse an IX, art. 17.

n'est pas nécessaire, même dans l'assignation en déclaration affirmative donnée au tiers saisi, il n'en est pas ainsi si une contestation s'élève sur cette déclaration entre elle et le tiers saisi. En ce cas, comme le tiers saisi n'est pas personnellement débiteur de l'État, un avoué doit nécessairement occuper pour l'administration.

Le mérite d'une contrainte donnée par l'administration de l'enregistrement peut être jugé par le tribunal dans le ressort duquel est situé le bureau d'où elle émane, sans tenir compte du domicile du débiteur, et par conséquent une instance en validité à suite de contrainte peut être portée devant un autre tribunal que celui du domicile du débiteur saisi. Mais cette dérogation aux principes généraux n'a lieu qu'en matière de saisie-arrêt survenant à suite de contrainte.

Après une année sans poursuites, a lieu la péremption des instances des saisies-arrêts pratiquées à la requête de l'enregistrement pour payement de droits[1].

Tout ce que nous venons de dire s'applique à l'administration des contributions indirectes[2].

Une loi du 12 novembre 1808 pose les règles qui concernent les saisies-arrêts en matière de contributions directes.

En vertu de l'art. 2 de cette loi, le Trésor public est dispensé de pratiquer une saisie-arrêt entre les mains d'un redevable pour l'acquittement des contributions directes. Les tiers, sur la simple demande qui leur en sera faite, seront tenus de payer pour le redevable tout ou partie des sommes qui sont entre leurs mains, ou qu'ils

---

[1] Loi du 22 frimaire an VII, art. 61.
[2] Loi du 5 ventôse an XII, art. 88.

doivent au débiteur saisi, suivant le *quantum* des contributions qui sont dues.

Mais à une condition : c'est que les sommes soient affectées au privilège du Trésor. La loi du 12 novembre 1808 déclare la contribution foncière privilégiée pour l'année échue et l'année courante, sur : les récoltes, loyers des immeubles sujets à contribution.

La contribution personnelle et mobilière, celle des patentes et des portes et fenêtres, sont privilégiées pour le même laps de temps sur les meubles et effets mobiliers du débiteur. Si cette condition est remplie, peu importent les saisies-arrêts des autres créanciers : le tiers saisi doit payer immédiatement le percepteur, sans attendre qu'il soit statué sur les saisies des autres créances. Ce payement est libératoire pour lui.

Au cas de refus de payement par le tiers saisi, le percepteur, qui a fait élection de domicile dans le lieu où se trouve ce dernier, fait faire par un porteur de contraintes une sommation extra-judiciaire qui, aux termes d'une circulaire ministérielle du 31 mars 1831, n'est point précédée d'une mise en demeure. Après cette sommation, comme nulle poursuite ne peut être faite sans contrainte [1], le percepteur devra demander au receveur des finances des instructions et une contrainte. Après signification de cet acte, le tiers détenteur est directement obligé envers le Trésor, puisque ce dernier peut faire saisir les sommes frappées de son privilège en quelques mains qu'elles se trouvent ; dès lors, s'il continue à refuser payement, ses meubles sont saisis et vendus par voie administrative.

[1] Règlement du 26 août 1821, art. 33.

Le Conseil de préfecture est seul compétent pour juger la question de savoir s'il est dû au Trésor et si les sommes dues le sont par privilège. Au contraire, ce seront les tribunaux civils qui sont compétents si le tiers saisi s'est opposé à la contrainte, en argüant, soit qu'il n'est pas détenteur de deniers privilégiés appartenant au débiteur saisi, soit qu'il y a eu compensation.

Dans le cas où la somme due au Trésor ne serait point privilégiée, c'est par la voie ordinaire de saisie-arrêt que l'administration devra agir.

CHAPITRE II.

Droit international privé.

Les relations internationales ont acquis, dans ces dernières années, une extension fort considérable, par suite de la rapidité des moyens de transport et de la facilité des voies de communication.

Les législateurs des différents pays ont dû, en présence de ce mouvement nouveau, se préoccuper de régler les contestations qui peuvent surgir entre individus de nationalité diverse et d'établir quels sont les droits de ces mêmes individus dans leurs rapports respectifs.

En ce qui concerne notre législation, il existe plusieurs systèmes sur le point de savoir quels sont les droits dont jouit l'étranger en France.

Un premier système admet qu'il jouit de tous les droits qui ne lui ont pas été enlevés expressément ou implicitement par un texte de loi [1].

Un deuxième n'accorde aux étrangers que les droits qui leur ont été expressément octroyés par un texte de loi [2].

Un troisième établit une distinction : il leur donne les droits considérés par les peuples civilisés comme étant naturels, et leur refuse ceux qui dérivent du droit na-

---

[1] Voir Zachariæ, 1, § 76. — Demangeat, n° 56. — Valette, *Explic. som. du C. Civ.*, 103, 116.
[2] Demolombe, 1, 240, 216 *bis*.

tional lui-même, sauf les cas prévus par les art. 11 et 13 C. Civ.[1].

Nous savons également qu'il existe, en doctrine, de grandes divergences sur le point de savoir si les étrangers peuvent saisir la justice française des contestations survenues entre eux. Quant à la jurisprudence, elle n'a pas encore renoncé au principe suranné en vertu duquel la justice française ne serait instituée que pour distribuer la justice aux seuls nationaux[2].

C'est toujours en vertu de cette idée que l'on a refusé presque généralement jusqu'à aujourd'hui, à un étranger non domicilié de droit en France, la faculté de pratiquer une saisie-arrêt, soit au préjudice d'un Français, soit au préjudice d'un autre étranger.

On dit bien, à l'appui de cette doctrine, qu'on ne saurait admettre qu'un homme que rien ne rattache au sol français, qui le plus souvent n'y possède rien, ait le pouvoir de ruiner un Français, en usant de cette voie d'exécution dont les conséquences sont considérables. Et, ajoute-t-on, ce serait infliger au Français une infériorité manifeste, car il lui serait le plus souvent impossible de se retourner à son tour contre son saisissant et d'obtenir réparation du préjudice qui lui a été causé.

Passant ensuite au cas où des étrangers domiciliés ou résidant en France voudraient agir contre d'autres étran-

[1] Troplong, *De la prescription*, 1, 35. — Proudhon, 1, 155. — Duranton, 1, 359. — Aubry et Rau, 1, 291.
[2] C'est ce principe qui a servi à la jurisprudence française pour refuser à un étranger le droit d'en poursuivre un autre devant les tribunaux français, sauf le cas de traité international ou d'acte de commerce. Voir Demangeat et Fœlix, *Droit int. privé*, 2, 2, chap. II, sect. 2, n° 146. — Rouen, 13 avril 1855. D. P. 55, 2, 167. — Cass., 10 mars 1857, D. P. 58, 1, 312.

gers, cette doctrine prétend qu'il doit en être de même, toute saisie-arrêt étant suivie d'une instance en validité, c'est-à-dire d'un jugement sur une créance contractée le plus souvent à l'étranger et sur laquelle les tribunaux français ne sont pas appelés à statuer.

Nous répondons que l'art. 15 du C. Civ. permet à tout étranger d'agir contre un Français, et que saisir-arrêter n'est pas faire autre chose. Il est indiscutable que tout étranger a le droit de résider en France, de s'y établir, de vendre, d'acheter, etc. ; pourquoi lui refuser le droit d'obtenir payement de ce qui lui est dû, lorsqu'on lui permet de vendre ? Il nous semble que si le droit principal n'est pas mis en discussion, il doit en être de même pour le droit accessoire. De plus, les art. 557 et 558 du C. de Proc. donnent ce droit à tout créancier, sans distinction aucune.

Enfin, l'admission du système précédent a pour résultat déplorable d'empêcher, ou tout au moins de paralyser, les contrats de la vie civile entre étrangers résidant ou non en France et Français, ou bien entre étrangers, puisque créanciers d'une personne qui a un débiteur en France et trouvant l'occasion peut-être unique de se faire payer au moyen de cette voie courante d'exécution, ce droit leur serait refusé [1].

Il faut donc rejeter complètement toutes ces vieilles idées étroites et d'un autre siècle, pour adopter la conception moderne du Droit international.

L'essence de la justice est d'être une pour tous les hommes, sa distribution ne saurait constituer un privilège réservé exclusivement aux citoyens de chaque pays ; le

---

[1] Sic Fœlix, Droit int., 1, n° 260.

premier devoir d'un État civilisé est au contraire d'en assurer l'égal accès à tous, sans distinction de nationalité.

C'est en partant de cette idée que nous allons nous occuper de la saisie-arrêt en droit international privé.

Tous les meubles quelconques qui se trouvent en France peuvent être saisis-arrêtés, sans se préoccuper de la nationalité du propriétaire ou tiers détenteur, par tout créancier ayant ou non la qualité de Français. Les tribunaux français sont compétents pour connaître de la validité et des contestations qui pourraient surgir.

Tel est le principe que nous posons tout d'abord et dont la justification est assez simple.

Les art. 557 et 558 du C. Proc. joints à l'art. 2093 C. Civ., étant conçus en termes généraux et émettant des principes qui ne peuvent souffrir la moindre distinction, nous pensons qu'on ne peut sérieusement soutenir qu'ils ne s'appliquent qu'aux seuls Français, surtout en présence des dispositions de l'art. 15 du C. Civ. De plus, par analogie avec l'art. 3 du même Code et en vertu du même principe de souveraineté nationale qui fait décider que les immeubles situés en France, même appartenant à des étrangers, sont régis par la loi française, nous pensons que tout meuble qui se trouve dans les mêmes conditions est régi par la même loi.

Mais, dira-t-on, les meubles n'ont pas d'assiette fixe, ils sont essentiellement ambulatoires, et par suite ne peuvent se séparer de la qualité de la personne à laquelle ils appartiennent ; c'est pour cette raison que le Code ne s'en est point occupé. Nous répondons qu'à l'époque où le Code a été rédigé, il n'est pas douteux qu'on n'attachât pas à la fortune mobilière l'importance qu'elle a acquise depuis; nous en avons des exemples formels en diverses autres matières, et le Droit international a précisément pour but de tenir compte des changements introduits par la fréquence des relations de peuple à peuple, dans l'assiette de la fortune publique.

Pourquoi ne séparerait-on pas les meubles de la personnalité de leur propriétaire? Notre argument d'analogie nous semble d'autant plus probant que la saisie-arrêt, plaçant les meubles sous la main de justice, fait justement disparaître le principal argument de l'opinion contraire : l'instabilité de la chose mobilière. La saisie-arrêt, immobilisant les deniers ou objets qu'elle atteint, en retire la libre disposition à l'étranger, et les soumet ainsi directement à l'empire de la loi française.

Ainsi donc, de même que le créancier français a le pouvoir de saisir-arrêter en France au préjudice de son débiteur étranger, de même le créancier étranger peut agir par la même voie au préjudice de son débiteur français. Deux étrangers résidant en France peuvent également saisir-arrêter à l'encontre l'un de l'autre et sans qu'il y ait à distinguer, dans tous les cas, si le tiers saisi est ou non Français et si la dette, cause de la saisie, a été ou non contractée en France.

Si l'étranger est porteur d'un titre exécutoire émanant d'une autorité française, pas de difficulté ; mais si le titre exécutoire émane d'une autorité étrangère, il ne pourra être exécuté qu'après avoir été sanctionné par les tribunaux français. A défaut de titre, l'étranger s'adressera au juge français pour obtenir permission de saisir-arrêter[1].

Devrait-il fournir la *Cautio judicatum solvi* ? On a essayé de soutenir l'affirmative en se basant, par argument

---

[1] Ce droit du président ne saurait être contesté, car c'est un acte de juridiction gracieuse qui ne préjuge en rien la solution du débat.

d'analogie, sur l'art. 47 de la loi du 5 juillet 1844 sur les brevets d'invention. Cet article exige en effet la caution de l'étranger qui veut faire pratiquer une saisie d'objets contrefaits. Mais c'est à tort qu'on invoque cet argument d'analogie, car, outre que la loi ne dit rien, les art. 16 du C. Civ. et 166 du C. de Proc., en indiquant les cas pour lesquels elle peut être exigée, nous montrent que l'on doit limiter et non étendre l'application de ce principe. De plus, si la loi de 1844 exige la *Cautio judicatum solvi* (ce qui semble démontrer que le droit commun est de ne pas en exiger), le décret-loi du 23 mars 1852, qui protège les ouvrages d'art et d'esprit publiés à l'étranger, permet à l'étranger de saisir ses œuvres contrefaites en France ; et cependant il n'est pas question de dépôt de caution par ce dernier avant la saisie.

Ce ne sera donc qu'au moment du jugement de validité que la caution pourra être exigée. Et l'instance en validité sera portée devant le tribunal du domicile du débiteur saisi, à moins qu'il ne soit domicilié hors de France ; en ce cas, la demande sera portée devant celui du domicile du tiers saisi.

Quel est le droit du Tribunal français ; devrait-il statuer au fond ou sur la forme seulement ? Il faut distinguer. Les juges prononceront sur le fond du débat et ordonneront au tiers saisi de vider ses mains en celles du saisissant, après avoir validé la saisie-arrêt : si l'existence de la dette et son *quantum* ne sont pas contestés par les parties en cause ; si le débiteur saisi est domicilié en France ou n'a pas *in limine litis* excipé de l'incompétence des tribunaux français ; s'il ne peut justifier d'un domicile en pays étranger ; enfin si le créancier saisissant est porteur d'un jugement étranger rendu contre le saisi.

Au contraire, si l'existence de la dette est niée ou n'est pas établie, si le saisi décline la compétence des tribunaux français, ces derniers ne pourront alors statuer que sur la forme et, tout en déclarant la saisie-arrêt valable, ordonner qu'il sera sursis, quant à son mérite et ses effets, jusqu'à ce que le tribunal étranger compétent ait statué sur le fond du litige[1].

Que devons-nous décider lorsque le créancier saisissant est un État étranger ? Pas de difficulté : l'État étranger agira comme un simple particulier étranger. Mais si cet État est débiteur saisi, la solution n'est pas aussi facile ; car si nous déclarons qu'on peut saisir-arrêter en France les sommes dues à un gouvernement étranger, nous violons le principe d'indépendance réciproque des États, principe qui s'oppose à ce qu'un gouvernement quelconque soit soumis aux tribunaux d'un autre pays.

L'art. 14 de notre Code, que l'on pourrait invoquer en faveur de l'affirmative, n'a trait qu'aux engagements privés, les termes mêmes de l'article le prouvent ; enfin, quelle sanction aurait le jugement de validité ? Le tiers saisi possédant des immeubles dans l'État étranger payerait deux fois si le gouvernement condamné ne reconnaissait pas la décision du tribunal français[2].

Ajoutons que si un prince étranger contractait des

---

[1] Montpellier, 26 février 1883.— *Revue judiciaire de la Cour d'appel de Montpellier*, 1883, pag. 11 — Aubry et Rau, 8, pag. 159.— Demangeat, *Revue pratique*, 1856, 1, 387. — Paris, 19 janvier 1850. D. P. 51, 2, 125. — Bordeaux, 30 novembre 1860. D. P. 71, 2, 121.— Paris, 8 avril 1875. D. P. 76, 2, 99. — Trib. Comm. de Marseille, 25 février 1878, *Journal de Droit International*, 1878, pag. 372.

[2] *Sic* Cass., 22 janvier 1849. D. P. 49, 1, 5. — Cass., 23 août 1870. D. P. 71, 2, 9.

Contrà Demangeat, *Revue pratique*, tom. I. — Bonfils, *Compétence des tribunaux français à l'égard des étrangers*.

obligations envers des Français, non point en sa qualité de chef d'État, mais bien de simple particulier, en ce cas le créancier pourrait pratiquer valablement une saisie-arrêt sur les sommes qui lui seraient dues en France, et les tribunaux français seraient compétents, mais à charge par le créancier de prouver que l'obligation a été contractée par l'homme privé.

Reconnaissons, en terminant, à l'honneur de la jurisprudence française, qu'elle tend de plus en plus à suivre les règles que lui tracent les auteurs de Droit international privé, et à laisser de côté les anciens principes. De nombreuses décisions[1] affirment encore timidement, c'est vrai, mais peu à peu, la compétence des tribunaux français à connaître des contestations entre étrangers. Quelques pas de plus, et nous serons arrivés à cette conception, que l'on ne peut que désirer, de la justice accordée à tous, sans distinction de nationalité.

La jurisprudence belge est entrée résolument, de son côté, dans cette voie[2], ainsi que l'Italie.

Espérons qu'en France le législateur comprendra qu'il faut mettre fin à une situation qui ne peut être que nuisible à nos intérêts, et qu'il entrera à son tour dans cette voie, où une nation voisine nous a précédés.

[1] Voir Cass. civ., 23 mars 1868; Paris, 19 janvier 1870; Paris, 8 avril 1874; Journ. de Droit int. privé, 1875, pag. 192. — Lyon, 25 juillet 1874; Journ. de Droit int. privé, 1876, pag. 272. — Trib. civ. de la Seine, 31 mars 1876; Journ. de Droit int. privé, 1877, pag. 429. — Trib. civ. de la Seine, 6 mars 1880; Journ. de Droit int. privé, 1881, pag. 60. — Tribunal civil de Villefranche, 22 décembre 1881; Journ. de Droit int. privé, 1882, pag. 427.

[2] Trib. d'Anvers, 25 novembre 1871; Journ. de Droit int. privé, 1874, pag. 88. — Cour de Bruxelles, 14 décembre 1871; Journ. de Droit int. privé, 1874, pag. 83.

CHAPITRE III.
Droit comparé.

L'étude des législations étrangères n'offre d'intérêt que tout autant que l'on compare une législation, sinon identique à la nôtre quant à ses sources et ses principes fondamentaux, mais ayant au moins de nombreux points de contact.

Les documents de Droit comparé en matière de procédure étant assez peu nombreux, nous n'avons pu étudier que les législations de la Grande-Bretagne, de l'Allemagne, de l'Italie et de la Suisse.

En Angleterre, dont la législation diffère par tant de points de la nôtre, nous ne trouvons qu'une sorte de procédure en saisie-arrêt, fort restreinte dans sa portée et n'ayant pour nous qu'un intérêt assez faible.

La saisie-arrêt n'est possible qu'au cas de jugement portant condamnation à une somme d'argent; celui au profit duquel a été rendu un jugement de cette nature peut, en s'adressant à la Cour ou au juge, obtenir que son débiteur sera interrogé par un officier de la Cour sur le point de savoir s'il ne lui est dû des sommes, et quel est le *quantum*.

Si, avant ou après cet interrogatoire, le porteur du jugement, soit pour l'avoir appris lui-même ou par la déclaration du débiteur, sait que telle ou telle personne est débitrice de ce dernier, la Cour ou le juge peuvent, sur la présentation d'un affidavit, dans lequel il est déclaré que tel jugement n'a pas encore été exécuté et que telle personne domiciliée dans le ressort doit telle somme à la partie condamnée, ordonner le payement en vertu du jugement sus-énoncé ; déclarer que les sommes dues par ce tiers seront saisies-arrêtées pour être affectées au payement du montant de la condamnation.

La saisie-arrêt est parfaite dès que l'ordonnance a été signifiée au tiers, lequel peut du reste comparaître pour déclarer s'il s'y oppose, ou bien être sommé de ce faire. En ce cas, s'il conteste sa qualité de débiteur, la question sera tranchée suivant les modes ordinaires.

Si le tiers saisi ne conteste pas sa qualité de débiteur du saisi, ou refuse de comparaître sur la sommation qui lui est faite et ne se libère point en déposant au greffe de la Cour ce qu'il doit à son créancier saisi, la Cour ou le juge, sans aucune formalité préalable, peuvent ordonner contre lui la saisie-exécution.

Afin de porter à la connaissance du public les saisies-arrêts qui ont été faites, un officier spécial tient un registre sur lequel est fait mention de toutes les saisies-arrêts pratiquées, avec le montant des sommes recouvrées. Toute personne peut demander copie de toute inscription.

Enfin, quant aux effets de cette saisie-arrêt, nous voyons que le tiers saisi qui a payé, soit volontairement, soit contraint, est entièrement libéré envers le débiteur saisi, même au cas de réformation du jugement en vertu duquel on a saisi, ou d'annulation de la procédure de saisie-arrêt.

Les frais sont réglés par la Cour ou le juge, dont le pouvoir est discrétionnaire.

Telle est la procédure de saisie-arrêt en Angleterre,

procédure fort restreinte dans son application, et, comme nous le voyons, tout à fait dissemblable de la nôtre [1].

En Allemagne, aux termes des articles 730, 745 et suivants du Code de Procédure Civile du 30 janvier 1877, en vigueur dans l'Empire depuis le 1er octobre 1879, la saisie-arrêt d'une somme d'argent s'opère par un acte du tribunal compétent, portant défense au débiteur saisi de disposer de la créance.

Cette sommation est notifiée au tiers saisi et au débiteur saisi.

Il est ensuite procédé à la distribution entre tous les créanciers intervenants.

S'il s'agit de meubles corporels dus par le tiers saisi, le Tribunal ordonnera que ces objets soient livrés à un huissier désigné par le créancier, et alors l'on suit les règles adoptées en matière de gage [2].

En Italie, nous nous trouvons en présence du nouveau Code de Procédure de 1866, dont la base est notre Code de Procédure modifié, avec quelques emprunts aux Codes sardes de 1854 et 1859.

S'inspirant des modifications dont notre Code est susceptible en matière de saisie-arrêt, ainsi que des réformes introduites dans le Code génevois, le législateur italien a singulièrement simplifié la procédure en saisie-arrêt.

D'abord, il distingue nettement cette procédure d'exécution de ce qu'il appelle le séquestre conservatoire, mesure essentiellement provisionnnelle destinée à sau-

---

[1] *Annuaire de législation étrangère*, 1876, pag. 161.
[2] Fœlix et Demangeat, *Droit int. privé*, I, n° 162. — *Annuaire de législation étrangère*, 1878, pag. 77. Constatons qu'au cas de saisie-arrêt de meubles, nous trouvons ici une analogie avec ce qui se passait à Rome dans le *Pignus in causâ judicati captum*.

vegarder les droits des parties. Ensuite, au lieu d'exiger une saisie, une dénonciation au débiteur avec assignation, une contre-dénomination et assignation du tiers saisi, c'est-à-dire quatre exploits, un seul exploit suffit, par lequel la saisie est pratiquée, et le débiteur ainsi que le tiers saisi sont assignés, l'un en validité, l'autre en déclaration devant le préteur.

Aux termes des art. 610 à 622 de ce Code, lorsque le tiers saisi est débiteur de sommes exigibles ou bien payables au plus à quatre-vingts jours de date, le préteur, à l'audience où se fait la déclaration, les assigne en payement jusqu'à concurrence des causes de la saisie. Mais pour cela il faut qu'il n'y ait ni contestation ni concours de créanciers. Lorsque les sommes saisies-arrêtées sont payables à plus de quatre-vingts jours de date, ou bien lorsque ce sont des rentes temporaires ou perpétuelles, il est procédé à la vente de ces créances ou rentes, à moins que le créancier saisissant ne demande à les accepter en payement. En ce cas, les rentes perpétuelles sont rachetables moyennant 100 livres de capital pour 5 % de revenu.

S'il s'agit d'objets mobiliers, le soin de désigner le jour et de faire vendre est fixé par le juge et non par l'huissier, comme dans le Droit français, au caprice duquel les parties sont soumises.

Il est fait une nouvelle exposition si les acheteurs ne font pas des offres suffisantes; enfin, au cas de non-opposition ou intervention, le saisissant a le droit de se faire adjuger les meubles au prix d'estimation. Le débiteur saisi a un droit de rachat qui dure dix jours (art. 623 à 644).

Dans le Code italien, le débiteur n'est plus exposé, comme

dans le nôtre, à supporter les frais de ces procédures multiples de divers créanciers intervenant successivement, puisque d'après l'art. 651, même pendant l'instance en distribution qui intervient pour régler les droits de tous les créanciers dont la saisie-arrêt a été faite dans l'intérêt commun, tout créancier peut produire ; la vente seule a pour effet (art. 653) d'empêcher les créanciers postérieurs d'intervenir.

Contrairement au principe qui domine chez nous, où nous disons «Chacun pour soi», le Code italien a admis que, conformément au principe d'égalité qui doit régner entre tous les créanciers chirographaires, la saisie-arrêt est faite dans un intérêt commun, et, pour ce faire, tout créancier peut intervenir valablement jusqu'à l'instance en distribution s'il s'agit de deniers, jusqu'à la vente s'il s'agit d'effets mobiliers ou de créances, ainsi que nous venons de le dire (art. 651, 653).

Telles sont les dispositions du Code italien, lequel a apporté de grandes et heureuses modifications dans la procédure de saisie-arrêt. Mais, à côté de réformes qu'on ne peut qu'approuver, il subsiste des lacunes ; car s'il tranche la question controversée de l'effet de l'exploit en admettant que la saisie-arrêt est faite dans un intérêt commun, et celle non moins discutée de l'effet du jugement de validité, en permettant à tout créancier de se présenter jusqu'à distribution ou vente, il ne dit rien, par exemple, au cas de concours de créanciers saisissants et de cessionnaires.

En Suisse, le Code de Procédure du canton de Vaud et celui de Genève, tout en adoptant les principes fondamentaux de notre législation, en ont également simplifié la procédure.

Comme dans la législation italienne, un seul exploit suffit, et le tiers saisi est assigné en déclaration en même temps qu'il reçoit l'exploit de saisie-arrêt (art. 472).

La déclaration du tiers saisi ne se fait plus au greffe, comme chez nous, mais à l'audience (475).

Enfin le juge est chargé de fixer l'époque de la distribution et de la vente (447).

CHAPITRE IV.

Réformes à introduire.

M. Réal, dans son exposé des motifs sur le Code de Procédure, se félicitait de ce que, par suite du titre VII du nouveau Code, des usages et des traditions incertaines, sources d'abus et de vexations, allaient faire place à un mode d'exécution *ramené à toute sa simplicité* et à son seul but.

Qu'il y a loin aujourd'hui de cette riante idée que se faisait le rapporteur de 1806 de notre procédure en saisie-arrêt, et combien, en songeant aux complications, aux difficultés sans nombre, et aux inutiles et dispendieuses formalités de cette procédure, trouvons-nous étrange un pareil langage !

Cette différence d'appréciation a sa source dans la situation économique de notre pays, qui a changé complètement ; dans l'importance toujours croissante de la fortune mobilière ; dans le nombre des affaires, qui, plus diverses, ont donné lieu à plus de difficultés.

Les critiques soulevées par la procédure en saisie-arrêt, telle qu'elle est dans notre Code, sont nombreuses et fondées. Nous allons examiner les principales et indiquer rapidement quelles réformes le législateur pourrait y introduire.

La procédure, dit-on, est trop compliquée, trop lente et surtout trop dispendieuse. Plusieurs exploits sont indispensables lorsqu'un seul suffirait ; plusieurs instances sont nécessaires pour arriver quelquefois à une déclaration négative, c'est-à-dire à des frais faits inutilement.

C'est ce qui fait dire à M. Bellot, professeur de Droit à Genève, dans son exposé de motifs du Code de Procédure Civile du canton de Genève : « Le Code de Procédure français exige pour la saisie-arrêt deux procès successifs : le premier en validité de la saisie contre le débiteur saisi, le second en déclaration contre le tiers saisi. Le second procès ne peut être commencé que le premier ne soit vidé ; or, il arrive souvent qu'après avoir plaidé longtemps sur la validité de la saisie-arrêt et avoir obtenu jugement, ce premier procès et le jugement sont devenus sans objet par la déclaration postérieure du tiers saisi de ne rien devoir. Et ces instances, qui augmentent les frais, ont pour effet d'enlever complètement aux petits créanciers cette dernière ressource d'obtenir payement. »

Est-il juste que chaque créancier intervenant soit obligé à son tour de pratiquer une saisie-arrêt et d'augmenter ainsi la somme des frais exposés, qui vient diminuer d'autant le gage commun et écraser le débiteur ?

Enfin, par son silence, le Code donne lieu à de graves controverses, soit sur les effets du jugement de validité, soit lorsqu'il y a concours entre saisissants et cessionnaires, controverses sur lesquelles, dans l'intérêt d'une bonne justice, la doctrine et la jurisprudence réclament impérieusement une solution définitive.

Nous devons reconnaître que tous ces reproches sont vrais et que la saisie-arrêt, telle qu'elle est actuellement, ne répond nullement aux idées modernes d'une bonne justice et aux nécessités de la pratique.

D'abord, un seul exploit suffirait si les parties étaient domiciliées au même endroit ; deux, au plus, seraient nécessaires s'il en était autrement. L'instance en validité, obligatoire dans tous les cas, pourrait être supprimée s'il y avait titre authentique, en permettant au débiteur saisi, s'il contestait, d'assigner son créancier saisissant en référé devant le président pour statuer sur ses réclamations.

Il serait utile, au point de vue de la rapidité et de l'économie, de confirmer ce droit, qu'on accorde aux juges de paix et aux présidents des tribunaux de commerce, de permettre une saisie-arrêt dans les limites de leur compétence. Il faudrait, de plus, leur donner le pouvoir de statuer sans recours sur le mérite d'une saisie-arrêt qu'ils ont autorisée, après avoir entendu le débiteur saisi, contradictoirement avec le saisissant. Enfin, malgré le principe que les tribunaux d'exception ne connaissent pas de l'exécution de leurs jugements, il serait utile d'augmenter la compétence des juges de paix et des tribunaux de commerce en ce qui concerne l'examen de la validité et des difficultés qui peuvent surgir dans la procédure en saisie-arrêt, toujours, bien entendu, dans les limites des affaires dont ils connaissent.

On pourrait éviter le reproche formulé par M. Bellot, en exigeant du tiers saisi une déclaration dans un délai déterminé, augmenté en raison des distances, à partir de l'exploit de saisie-arrêt, et ce, à peine de dommages-intérêts. Le saisissant agirait alors en connaissance de cause et ne serait pas exposé à faire des frais inutiles.

Cette déclaration du tiers saisi, dont on dresserait procès-verbal, pourrait être rendue exécutoire contre lui s'il n'y avait ni contestation ni plusieurs saisissants, ainsi que titre authentique, et le créancier toucherait immédiatement ce qui lui serait dû, sans jugement de validité, que l'on pourrait supprimer, ainsi que nous l'avons dit plus haut.

La contestation une fois vidée par le président en référé, le tiers saisi serait tenu de s'exécuter en vertu de l'ordonnance rendue ; enfin, au cas de concours de saisissants, la somme dont le tiers saisi se serait reconnu débiteur ou aurait été jugé tel serait versée à la Caisse des dépôts et consignations, après quoi une distribution par contribution aurait lieu.

S'il n'y avait pas titre authentique, on poursuivrait une instance en validité et en condamnation, qui statuerait sur la déclaration du tiers saisi, et, à suite du jugement intervenu, ce dernier payerait ou déposerait à la Caisse suivant les cas.

Enfin, si, au cas de titre authentique, la déclaration du tiers saisi était contestée par le saisissant, ce serait à ce dernier à poursuivre le débiteur de son débiteur devant le tribunal de son domicile, suivant la règle *Actor sequitur forum rei*, pour être statué ce que de droit.

Pour éviter le reproche qu'on fait à notre titre d'accumuler frais sur frais, on pourrait, croyons-nous, en émettant le principe que les créanciers saisissants agissent en commun, permettre aux autres créanciers d'intervenir, sans pratiquer à leur tour de saisie-arrêt et par un simple acte signifié aux parties en cause, et ce, jusqu'à ce que les deniers aient été distribués.

Telles sont à peu près les modifications que l'on devrait introduire dans notre procédure en saisie-arrêt, qui, à notre avis, réclame impérieusement une réforme.

Il ne nous faut point oublier que si autrefois une société n'était susceptible de vivre que tout autant que les citoyens étaient certains de trouver dans la loi une garantie pour la fidèle et scrupuleuse observation de leurs obligations, aujourd'hui nous devons aller plus loin et nous montrer plus difficiles. Il faut en outre une bonne loi de procédure qui permette d'arriver facilement, rapidement, et avec le moins de frais possible, à l'exécution des obligations.

Or, la saisie-arrêt est, de toutes les voies d'exécution, la plus plus usitée, celle qui entre de plus en plus dans nos mœurs avec le développement de la fortune mobilière ; il faut donc que les progrès de la loi la rendent pratique, claire et précise ; la mettent, en un mot, à la portée de tous.

C'est au législateur qu'incombe le devoir d'introduire dans la procédure les réformes indiquées par les jurisconsultes, que les progrès de la vie sociale rendent chaque jour plus nécessaires.

APPENDICE.

Le 12 novembre 1883, M. le Garde des Sceaux, Ministre de la Justice, a déposé sur le Bureau de la Chambre des Députés le Rapport fait au nom de la Commission chargée d'examiner : 1° le projet de loi adopté par le Sénat, portant modification des art. 656 à 672 du Code de Procédure Civile ; 2° la proposition de loi de M. Remoiville, tendant à modifier divers articles du Code de Procédure Civile, titre VII, concernant les saisies-arrêts ou oppositions.

Nous n'avons à nous occuper ici que de la proposition de M. Remoiville concernant la saisie-arrêt, proposition de loi dont nous donnerons à la fin le texte *in extenso*, afin que l'on puisse juger des modifications apportées à la rédaction actuelle des articles du titre VII.

Le principe en vertu duquel tout créancier peut saisir-arrêter, soit en vertu de titres authentiques, soit en vertu de titres privés, formulé dans l'art. 557 du Code de Procédure, n'a pas été modifié dans cette proposition de loi. La saisie-arrêt est donc toujours considérée comme une mesure ouverte à tous créanciers, accessible à tous dans la plus large mesure. Elle a donc écarté ces principes, qui furent soutenus jadis en 1806, et qui le sont encore aujourd'hui : que, la saisie-arrêt étant une voie d'exécution qui peut porter un grand préjudice, il est nécessaire de restreindre ses cas d'application, de ne pas l'autoriser à la légère, et par suite de ne la permettre qu'au cas de titre authentique.

La proposition de loi que nous analysons tranche tout d'abord les diverses questions controversées de compétence, et, entrant dans une large voie que nous ne pouvons qu'approuver, augmente le nombre des affaires portées à la connaissance des tribunaux d'exception en matière de saisie-arrêt.

Le président du tribunal de commerce et le juge de paix peuvent, dans les limites de leur compétence, non seulement, ce qui est aujourd'hui généralement admis, autoriser une saisie-arrêt, mais encore connaître de la validité et de la demande en main-levée (566).

Le juge qui autorise la saisie a le droit, sur la signation de la partie saisie, de modifier et même de rétracter complètement son autorisation, rétractation qui aura pour effet d'annuler la saisie opérée. Ce sont des pouvoirs bien exorbitants que l'on peut critiquer, mais qui néanmoins doivent être admis sans difficulté, si l'on est poussé par le désir d'une prompte justice et d'une économie notable de frais (558).

Tranchant ensuite indirectement la controverse sur le point de savoir si l'exploit rend indisponible la totalité ou simplement une partie des sommes saisies-arrêtées, la proposition de loi adopte l'indisponibilité partielle, admise par la jurisprudence, en octroyant au président le droit de permettre au tiers saisi de se libérer de l'excédent des causes de la saisie.

Le président a tous ces pouvoirs sans recours aucun (558).

La procédure en saisie-arrêt exige toujours trois exploits, mais ils sont modifiés dans leur teneur; ils doivent contenir copie du titre authentique, ou bien, s'il y a permission du juge, copie de la requête et de l'ordonnance (559).

S'il y a titre authentique, la proposition, considérant avec raison que la saisie-arrêt pratiquée en vertu d'un titre exécutoire a tous les caractères d'une saisie-exécution, n'exige pas en ce cas une demande en validité, mais, afin de sauvegarder les droits du débiteur saisi, ordonne que dans la dénonciation à ce dernier de l'exploit de saisie-arrêt, commandement de se libérer avec notification du titre lui sera fait, et que dans la contre-dénonciation au tiers saisi sommation sera donnée à ce dernier de faire sa déclaration dans la quinzaine, à peine d'être déclaré débiteur pur et simple.

Le débiteur qui conteste la validité de la saisie devra, dans la huitaine de la dénonce, signifier au créancier saisissant qu'il s'oppose et conteste la saisie, et poursuivra sommairement cette opposition devant le juge compétent (563). Copie de la signification doit être donnée au tiers saisi, quoique non appelé en cause, à peine de nullité.

S'il y a titre privé, le débiteur saisi est assigné en validité dans la dénonce, et la contre-dénonciation au tiers saisi contient sommation d'avoir à faire sa déclaration dans la quinzaine, à peine de dommages-intérêts (564). Toutefois, si ce dernier garde le silence, il ne peut être contraint à faire sa déclaration affirmative qu'une fois la saisie-arrêt validée par un jugement définitif (568).

Aux termes de l'art. 571, la déclaration du tiers saisi doit être faite, soit devant le président du tribunal civil, soit devant le juge de paix de son domicile; et dans la huitaine, l'acte qui en est dressé par le greffier doit être notifié, à la requête du tiers saisi, au débiteur saisi et aux saisissants, qui devront la contester, s'il y a lieu, dans les vingt jours et par acte signifié (574), à peine de nullité de la contestation.

Cette déclaration vaut contre lui titre exécutoire et il doit, une fois ce délai de vingt jours expiré, ou bien payer le saisissant, ou bien déposer à la Caisse des dépôts et consignations. Si sa déclaration a été contestée dans la quinzaine de la signification de la contestation à lui faite par le saisissant, il déposera à la Caisse, à peine d'y être contraint par les parties.

La modification apportée au nouvel art. 576 est donc des plus importantes ; c'est une véritable innovation, qui du reste est nécessaire en présence de la disposition du nouvel art. 563, § 3, qui n'exige point une instance en validité au cas de titre authentique. Il fallait donc, en ce cas, une force exécutoire pour exiger un payement du tiers saisi ; cette force, on l'a donnée à la déclaration, qui, faite en présence du président ou du juge de paix assistés du greffier, peut être considérée comme un véritable contrat judiciaire que l'on peut ramener à exécution.

L'article accorde enfin, dans son dernier paragraphe, le droit au tiers saisi d'appeler les parties en référé pour obtenir en sa faveur l'application de l'art. 1244 du Code Civil. La proposition n'a pas voulu que le tiers saisi fût placé dans une condition inférieure à celle d'un débiteur ordinaire qui pouvait obtenir du juge terme et délai pour se libérer. Nous pensons sur ce point que la proposition de loi a accordé au juge un pouvoir exorbitant, car, en somme, c'est le pouvoir d'arrêter la saisie.

Ajoutons que toute instance contre le tiers saisi doit

être portée devant le tribunal de son domicile, sans conciliation préalable.

Plus explicite que l'article actuel, le nouvel art. 579 réglemente les formalités de la vente d'effets mobiliers, dont le prix sera déposé ou bien sera remis aux saisissants suivant le cas (V. art. 576). Lorsqu'il n'y a pas titre exécutoire, il ordonne aux saisissants (s'il s'agit d'objets et valeurs susceptibles de perdre) d'appeler en référé toutes les parties, afin de voir s'il n'y aurait pas possibilité, avec le consentement de la partie saisie, de vendre tout ou partie de ces objets.

Le consentement une fois accordé, une simple ordonnance du juge permettra la vente, tous droits des parties réservés.

Cette ordonnance, qui n'est point susceptible de recours, peut être rendue avec le seul assentiment du débiteur saisi, les autres parties ayant fait défaut.

Enfin, à la nomenclature des objets insaisissables de l'art. 581, l'article de la proposition de loi ajoute : les salaires des employés, ouvriers et gens de service, jusqu'à concurrence des trois quarts de leur quotité. Nous ne voyons aucun inconvénient à l'introduction de cette nouvelle catégorie d'objets insaisissables, car on peut considérer en quelque sorte une partie du salaire des employés, ouvriers et gens de service, comme une provision alimentaire indispensable.

Telle est la proposition de loi dans ses lignes principales et dans ce qu'elle a de contraire aux articles actuellement en vigueur.

Nous ne pouvons qu'approuver généralement sa teneur; les innovations qu'elle présente nous paraissent pratiques, elles répondent aux besoins modernes, qui exigent une procédure rapide et économique ; mais si elle tranche bien des controverses, si au fond elle nous paraît excellente, nous ne pouvons nous empêcher de formuler quelques critiques qui nous paraissent fondées.

En effet, nous la trouvons d'une manière générale un peu trop compliquée, exigeant beaucoup trop de formalités et de notifications. Pourquoi trois exploits, pourquoi cette signification du § 2 de l'art. 574 ? Les saisissants peuvent bien prendre connaissance eux-mêmes de la déclaration du tiers saisi, puisqu'il doit la faire dans un délai déterminé. Pourquoi permettre la déclaration devant le président du tribunal civil, déjà si occupé, et pourquoi ne pas pouvoir la faire devant le président du tribunal de commerce ; enfin, pourquoi ne pas permettre une réalisation immédiate des objets saisis, même au cas de titre authentique ? (art. 580). Tous ces points nous semblent devoir être retouchés lors de la discussion.

Enfin, deux grandes lacunes subsistent encore : la proposition de loi néglige de déterminer jusqu'à quel moment un créancier saisissant peut intervenir valablement, elle est muette aussi sur le règlement des droits des saisissants et des cessionnaires ; et c'est cependant, ainsi que nous l'avons vu, la question la plus controversée que présente cette matière.

En résumé, cette proposition de loi complétée ou simplifiée, ainsi que nous venons de l'indiquer, répondra, nous le croyons, aux desiderata formulés depuis longtemps par l'ensemble de la doctrine.

PROPOSITION DE LOI.

ARTICLE PREMIER.

Les art. 558, 559, 563 à 571, 573 à 579 et 581, au titre des Saisies-arrêts, sont modifiés ainsi qu'il suit.

Art. 558.

S'il n'y a pas de titre, le juge du domicile du débiteur et même celui du tiers saisi pourront, concurremment avec le président du tribunal de commerce et le juge de paix, ces derniers seulement s'il s'agit de matières de leur compétence, permettre sur requête la saisie-arrêt ou opposition.

Si la créance pour laquelle on demande la permission n'est pas liquide, l'évaluation provisoire en sera faite par le juge

La partie saisie pourra à partir de la saisie-arrêt, et au plus tard dans la huitaine de sa dénonciation, par assignation signifiée, soit au domicile du saisissant, soit à celui élu par l'exploit de saisie, en référer au juge qui aura délivré la permission, pour qu'elle soit rapportée ou modifiée. Si la permission est complètement rapportée, la saisie-arrêt sera considérée comme nulle et non avenue.

La décision du juge ne sera susceptible ni d'opposition ni d'appel. Dans tous les cas, le juge pourra autoriser la partie saisie à se libérer des sommes excédant les causes de la saisie-arrêt. Toute défense en opposition faite sans l'accomplissement des formalités qui précèdent sera nulle de plein droit, sans préjudice des dommages-intérêts qui pourront être réclamés par la partie lésée, même à l'huissier qui aura procédé.

Art. 559.

Si l'exploit de saisie-arrêt ou opposition est fait en vertu d'un titre, il sera donné copie de ce titre ; s'il est fait en vertu de la permission du juge, il sera donné copie de la requête et de l'ordonnance.

Dans tous les cas, l'exploit énoncera la somme pour laquelle la saisie-arrêt est faite, et il contiendra élection de domicile dans le lieu où demeure le tiers saisi, si le saisissant n'y demeure pas ; le tout à peine de nullité.

Art. 563.

Dans la huitaine de la saisie-arrêt, outre un jour par cinq myriamètres de distance entre le domicile du tiers saisi et celui du saisissant, et un jour par cinq myriamètres de distance entre le domicile de ce dernier et celui du débiteur saisi, le saisissant sera tenu de dénoncer la saisie-arrêt au débiteur saisi.

Si la saisie-arrêt a été pratiquée en vertu d'un titre privé ou d'une permission du juge, la dénonciation contiendra, à peine de nullité, copie du titre ou de la requête et de l'ordonnance et assignation en validité.

Si la saisie a été pratiquée en vertu d'un acte authentique, il n'y aura pas lieu d'assigner en validité, mais l'acte de dénonciation devra contenir notification de la copie de cet acte, avec commandement à la partie saisie de se libérer.

Si ce dernier entend contester la saisie-arrêt, il devra former sa demande contre le saisissant et la lui faire signifier dans la huitaine outre les délais de distance, soit à son domicile réel, soit à celui élu par l'exploit de saisie-arrêt. Copie de l'exploit sera remise au tiers saisi sans qu'il soit besoin de l'appeler en cause et la remise sera constatée dans l'original, le tout à peine de nullité.

Art. 564.

Dans un pareil délai (celui fixé art. 563), outre celui à raison des distances à compter du jour de l'exploit de dénonciation prescrit par le premier paragraphe de l'article précédent, ce exploit sera dénoncé à la requête du saisissant au tiers saisi, qui, si la saisie est pratiquée en vertu d'un acte authentique, sera, par le même exploit, sommé de faire sa déclaration et de l'affirmer dans la quinzaine, en se conformant aux art. 571 et suivants du présent Code, sinon les dispositions de l'art. 577 lui seront appliquées.

Si la saisie-arrêt ou opposition est pratiquée en vertu d'un titre privé ou de la permission du juge, le tiers sera sommé de faire et affirmer sa déclaration dans les mêmes formes et délais, sous peine d'être passible envers le saisissant des frais qu'aurait occasionnés son défaut de déclaration et des intérêts de la somme dont il se reconnaîtrait ou serait reconnu débiteur.

Dans tous les cas, le tiers saisi sera payé de ses frais de déclaration, par compensation s'il est débiteur, et, au cas contraire, par le saisissant sur la taxe du juge, qui aura force exécutoire.

Art. 565.

A défaut de la dénonciation prescrite par l'art. 563, la saisie-arrêt sera nulle; faute de dénonciation de cette demande au tiers saisi, à l'expiration des deux délais de huitaine prescrits par les articles précédents, les payements par lui faits à partir de l'expiration de ces délais jusqu'à cette dénonciation seraient valables.

Art. 566.

S'il y a lieu à demande en validité, cette demande et celle en contestation ou en main-levée par la partie saisie seront portées devant le tribunal du domicile de cette partie, compétent pour statuer sur la demande en payement des causes de la saisie.

Art. 567.

Toutes demandes tendant à la validité ou à la main-levée d'une saisie-arrêt ou opposition seront dispensées du préliminaire de conciliation au cas où elles en auraient été susceptibles, et instruites et jugées comme matière sommaire.

Art. 568.

A défaut de titre authentique, le tiers saisi qui n'aura pas satisfait aux prescriptions des derniers paragraphes de l'art.

561 ne pourra être contraint à faire sa déclaration affirmative qu'autant que la saisie-arrêt aura été validée par un jugement définitif.

A cet effet, copie du jugement de validité lui sera notifié, avec sommation de faire sa déclaration dans la quinzaine, conformément aux art. 571 et suivants; faute par lui de satisfaire à cette sommation, les dispositions de l'art. 577 lui seront appliquées.

Art. 569.

Les fonctionnairees publics dont il est parlé à l'art. 561 ne seront point assignés en déclaration, mais ils délivreront un certificat coustatant s'il est dû à la partie saisie et énonçant la somme si elle est liquidée.

Ce certificat sera délivré et le dépôt de la somme due et liquide sera effectué dans la quinzaine de la dénonciation prescrite par l'art. 561. Ce dépôt sera constaté par un simple récépissé délivré au déposant, et dont un duplicata sera remis au saisissant s'il le requiert.

Art. 570.

Toute instance contre le tiers saisi est dispensée du préliminaire de conciliation, si elle en était susceptible, et sera portée devant le tribunal de son domicile.

Art. 571.

Le tiers saisi fera sa déclaration et l'affirmera, soit devant le président du tribunal de l'arrondissement, soit devant le juge de paix du canton de son domicile; il sera dressé acte par le greffier de cette déclaration.

Art. 573.

La déclaration énoncera: les causes et le montant de la dette, les payemens acompte, si aucuns ont été faits; l'acte ou les causes de libération, si le tiers saisi n'est plus débiteur, et, dans tous les cas, les saisies-arrêts ou oppositions formées entre ses mains et l'indication des nom et domicile des saisissants.

Art. 574.

Des pièces justificatives seront annexées à la déclaration faite en conformité aux art. 564 et 571 et déposées au greffe du tribunal devant lequel elle aura été faite.

L'acte constatant la déclaration et le dépôt des pièces sera dans la huitaine notifié, à la requête du tiers saisi, à la partie saisie et aux saisissants, aux domiciles élus dans les oppositions.

La déclaration pourra être contestée par la partie saisie, le saisissant ou un opposant, mais seulement dans les vingt jours de cette notification et par exploit signifié au tiers saisi à son domicile.

Cet exploit contiendra, outre les formalités communes à tous les exploits, l'indication sommaire des motifs de contestation et assignation à cinq jours francs outre les délais de distance.

S'il existe plusieurs contestations, elles seront jointes, et il sera statué sur toutes par un seul jugement comme en matière sommaire.

Toute contestation notifiée après le délai de vingt jours sera considérée comme nulle et non avenue.

Art. 575.

S'il survient de nouvelles saisies-arrêts, le tiers saisi les fera connaître dans la huitaine et par lettre recommandée à la partie saisie et au premier saisissant, par extrait contenant les nom et élection de domicile des saisissants et les causes des saisies.

Art. 576.

La déclaration faite par le tiers saisi, en conformité aux articles qui précèdent, vaudra contre lui titre exécutoire.

Si dans le délai de vingt jours prescrit par l'art. 574 cette déclaration n'a pas été contestée, il ne sera fait aucune procédure et le tiers saisi devra, s'il n'existe entre ses mains aucune autre saisie ou opposition et si la saisie-arrêt a été pratiquée en vertu d'un titre exécutoire ou, à défaut de ce titre, déclarée valable par jugement définitif, soit se libérer des sommes liquides et exigibles entre les mains du saisissant à valoir ou jusqu'à due concurrence seulement des causes de la saisie, soit déposer les valeurs ou objets mobiliers indiqués dans sa déclaration, le tout à peine d'y être contraint en vertu de cette déclaration, dont le saisissant pourra requérir une expédition en forme exécutoire aux frais du tiers saisi.

S'il existe d'autres saisies ou oppositions, le tiers saisi devra faire le dépôt légal des sommes, valeurs et objets mobiliers, à peine d'y être contraint en la forme et de la manière qui viennent d'être indiquées, soit par un saisissant, soit même par la partie saisie.

Même au cas de contestation de la déclaration, le tiers saisi sera tenu dans la quinzaine de la notification qui lui sera faite, en conformité à l'art. 574, de déposer les sommes, valeurs, objets mobiliers dont il sera reconnu débiteur, à peine d'y être contraint par les voies ci-dessus autorisées, soit par le saisissant, soit par la partie saisie.

Les dispositions de l'art. 1244 du Code Civil pourront être appliquées par le juge en état de référé si le tiers saisi en réclame le bénéfice.

Art. 577.

Le tiers saisi qui ne fera pas sa déclaration ou qui ne fera pas les justifications ordonnées par les articles ci-dessus sera réputé débiteur pur et simple des causes de la saisie, et en conséquence le poursuivant, si la saisie-arrêt a été pratiquée en vertu d'un acte authentique, ou si elle a été validée par jugement définitif, pourra, en vertu de son acte authentique ou du jugement de validité, contraindre le tiers saisi au payement des causes de la saisie.

Art. 578.

Si la saisie-arrêt est formée sur effets mobiliers, le tiers saisi sera tenu de joindre à sa déclaration un état détaillé desdits effets. Si elle arrête des valeurs mobilières, telles qu'elles sont définies par l'art. 529 du Code Civil, le tiers saisi devra en donner l'énumération exacte, indiquer la nature, le chiffre nominal, les séries et numéros, et si les titres sont au porteur ou nominatifs.

S'il s'agit d'une somme payable à terme, il devra indiquer les époques de payement et déclarer si elle produit des intérêts.

Art. 579.

Si la saisie-arrêt a été pratiquée en vertu d'un titre exécutoire, ou si, à défaut de ce titre, elle a été validée, il sera procédé, à la requête du saisissant, à la vente des objets mobiliers, valeurs et créances, par les officiers publics compétents, en observant les formalités de publicité prescrites en matière de saisie-exécution, et le prix sera remis, soit au saisissant, soit déposé, ainsi qu'il est prescrit par les art. 576 et 657.

En l'absence d'un titre exécutoire et sans qu'il soit besoin de faire statuer préalablement sur la validité de la saisie-arrêt, le saisissant devra, dans la huitaine de la notification de la déclaration affirmative, appeler le tiers saisi, la partie saisie et tous autres saisissants en état de référé devant le président du tribunal saisi de la demande en validité, afin de convenir de la réalisation en tout ou en partie des objets mobiliers, valeurs et créances.

Si la partie saisie consent à la vente, le juge constatera ce consentement, et même, en cas de non-comparution des autres assignés, prescrira par une simple ordonnance non susceptible d'aucun recours que la vente aura lieu en se conformant aux dispositions du premier paragraphe, mais tous droits et moyens réservés à la partie saisie de contester le bien fondé de la saisie-arrêt et même de se pourvoir, afin d'obtenir, s'il y a lieu, tous dommages-intérêts.

Si la partie saisie ne comparaît pas ou refuse son consentement, le juge se bornera à le constater, sans aucun frais, en marge de l'assignation, et la procédure suivra son cours.

Art. 581.

Seront insaisissables : 1° les choses déclarées insaisissables par la loi ; 2° les provisions alimentaires adjugées par la justice ; 3° les sommes et objets disponibles déclarés insaisissables par le testateur ou donateur ; 4° les sommes et pensions pour aliments, encore que le testament ou l'acte de donation ne les déclare pas insaisissables ; les salaires des employés, commis, ouvriers ou gens de service, jusqu'à concurrence des trois quarts de leur quotité.

(*Journal officiel* du 12 janvier 1884.)

POSITIONS.

DROIT ROMAIN.

1° L'action de dol était subsidiaire.

2° Les jurisconsultes romains n'étaient pas divisés sur le point de savoir quelles étaient les obligations de l'héritier de l'auteur du dol.

3° Sous Justinien, la *Litis contestatio* interrompait l'usucapion.

4° A l'époque de la procédure extraordinaire, la compensation n'a pas cessé d'être admise *ex dispari specie*.

DROIT CIVIL.

1° L'action en garantie contre l'architecte ou entrepreneur, à raison des vices de construction, se prescrit, comme la responsabilité elle-même, par le laps de dix ans à compter de la réception des travaux et non à compter de la manifestation extérieure des vices de construction qui s'est produite dans ce délai (Civ. ,1792 et 2270).

2° La clause par laquelle un testateur, en léguant tous ses biens à un mari judiciairement séparé de sa femme, dispose que celle-ci ne pourra jamais à aucun titre jouir desdits biens, ne fait pas obstacle à ce que les juges, se fondant sur l'accroissement des ressources du mari, accordent une augmentation proportionnelle de la pension alimentaire originairement octroyée à la femme.

3° La femme privée de la garde de ses enfants par le jugement de séparation de corps ne saurait, à la mort de son mari, prétendre que ses enfants doivent lui être rendus, ce décès l'ayant investie de la puissance paternelle et de la tutelle légale en détruisant *ipso facto* les effets de la sentence judiciaire.

4° C'est le tribunal qui a prononcé la séparation de corps qui est compétent pour statuer sur la garde des enfants et non celui du domicile des époux.

PROCÉDURE CIVILE.

1° Le référé n'est pas une instance et ne peut, au point de vue de la prescription, être assimilé à une action en justice.

2° Les tribunaux de commerce peuvent rendre un jugement de défaut profit joint.

DROIT COMMERCIAL.

1° Les art. 553 et 554 ne reçoivent pas leur application dans le cas de concordat.

2° Une société anonyme est constituée, non à partir de la déclaration du versement du quart de ses actions, faite devant notaire, mais seulement à partir de l'acceptation par les administrateurs des fonctions que leur a conférées l'assemblée générale des actionnaires.

DROIT PÉNAL.

1° Chacun a le droit de prêter serment suivant les exigences de son culte; l'élément religieux, n'étant pas de l'essence du serment, peut être éliminé de la formule.

2° Le président d'Assises ne peut, en vertu de son pouvoir discrétionnaire, faire entendre de nouveaux témoins ou ordonner un apport de pièces sur les développements donnés par le ministère public ou par la partie au cours de l'audience.

DROIT ADMINISTRATIF.

1° Les répartiteurs ne peuvent modifier annuellement le revenu des propriétés bâties.

2° Les compagnies de chemins de fer ne sont pas susceptibles d'être imposées à la taxe de biens de mainmorte pour la voie ferrée.

ÉCONOMIE POLITIQUE.

1° Une banque ne peut mettre en circulation autant de billets qu'elle veut.

2° Le refus, par un Français, de recevoir des monnaies étrangères, même appartenant à l'Union latine, ne tombe pas sous le coup de l'art. 475 du Code Pénal.

DROIT INTERNATIONAL PRIVÉ.

1° La loi de la situation est seule applicable à la succession mobilière d'un étranger.

2° Le droit de prélèvement édicté par la loi de 1819, n'existe pas dans le cas où tous les cohéritiers sont Français.

HISTOIRE DU DROIT.

1° Le système des impôts romains a survécu en Gaule

à l'invasion franque, et a subsisté sous les Mérovingiens, mais avec des modifications.

2° L'origine du cens se trouve dans la convention intervenue entre le serf affranchi et le seigneur.

DROIT CONSTITUTIONNEL.

1° En cas de dissolution de la Chambre des Députés par le Président de la République, sur l'avis conforme du Sénat, les élections nouvelles doivent avoir lieu dans le délai de trois mois à partir du jour de la dissolution.

2° L'acceptation d'un mandat impératif n'entraîne pas la nullité de l'élection d'un député.

Vu :
Par le Doyen,
VIGIÉ.

Vu :
Par le Président de la Thèse,
5 juillet 1881,
A. GLAIZE.

Vu et permis d'imprimer :
Le Recteur de l'Académie de Montpellier,
Correspondant de l'Institut,
G. CHANCEL.

TABLE DES MATIÈRES.

DROIT ROMAIN.

Des voies d'exécution sur les biens des débiteurs examinées principalement dans le dernier état du Droit Romain.

INTRODUCTION...	v
CHAPITRE PREMIER. — Des voies d'exécution dans l'ancien Droit Romain...	8
Première Section. De la Manûs injectio........	8
Section II. De la Pignoris capio et de la Sectio bonorum..	13
CHAPITRE II. — Des voies d'exécution sous le droit Prétorien..	17
De la Bonorum venditio......................	18
Première Section. De l'envoi en possession.....	19
§ 1er. Cas dans lequel il avait lieu............	19
§ 2. Personnes à qui était accordé l'envoi en possession..	25
§ 3. Formalités requises pour l'envoi en possession..	25
§ 4. Biens sur lesquels l'envoi en possession pourrait être exercé........................	28
§ 5. Effets de l'envoi en possession..........	28
§ 6. Cessation de l'envoi en possession......	31
Section II. De la vente des biens..............	32
§ 1er. Formes de la vente	33
§ 2. Effets de la vente......................	34

Chapitre III. — Des voies d'exécution sur les biens dans le dernier état du Droit, et surtout du Pignus in causâ judicati captum............................. 37
    Première Section. De la Distractio bonorum.... 39
        § 1er. Procédure de la Distractio bonorum... 41
        § 2. Effets de la Distractio bonorum......... 43
    Section II. Du Pignus in causâ judicati captum.. 46
        § 1er. Cas dans lesquels avait lieu le Pignus in causâ judicati captum, ses délais et ses formes 48
        § 2. Biens sur lesquels pouvait porter le Pignus in causâ judicati captum................. 51
        § 3. Incidents qui pouvaient survenir........ 54
        § 4. Effets du Pignus in causâ judicati captum. 60
    Section III. De la vente...................... 62
        § 1er. Formes........................... 63
        § 2. Effets.............................. 64

DROIT FRANÇAIS.
Étude sur la Saisie-Arrêt.

Historique... 73
Fondement et caractère de la saisie-arrêt............... 82
Chapitre premier. — Qui peut saisir-arrêter ? — Au détriment de qui, et entre quelles mains peut-on saisir-arrêter ?.. 90
    Première Section. Qui peut saisir-arrêter ?...... 90
    Section II. Au détriment de qui et entre quelles mains peut-on saisir-arrêter ?............... 91
        § 1er. Au détriment de qui peut-on saisir-arrêter ? 91
        § 2. Entre quelles mains peut-on pratiquer une saisie-arrêt ?........................... 93
Chapitre II. — En vertu de quoi peut-on saisir-arrêter ?. 98
    Première Section. Actes authentiques........... 98
        § 1er. Actes authentiques autres que les jugements 99
        § 2. Jugements........................... 100
    Section II. Actes sous seing privé.............. 105
    Section III. — Permission du Juge............. 106

§ 1er. Juge compétent....................................	106
§ 2. Formalités et pouvoirs du juge.................	108
Section IV. Qualités que doit avoir la créance...	114
CHAPITRE III. — Quelles choses peut-on saisir-arrêter ?..	119
Première Section. Choses saisissables. — Cas où l'on peut saisir-arrêter................................	119
Section II. Choses insaisissables.....................	129
§ 1er. En partie seulement.............................	129
§ 2. Dans certains cas seulement....................	132
§ 3. Absolument insaisissables.......................	134

Procédure sur saisie-arrêt: — Effets de l'exploit et du jugement de validité.

CHAPITRE PREMIER. — De l'exploit de saisie-arrêt.......	140
CHAPITRE II. — Dénonciation et assignation en validité. — Dénonciation de la demande en validité ou contre dénonciation...	145
Première Section. Dénonciation de l'exploit de saisie-arrêt et assignation en validité..........	145
§ 1er. Dénonciation de l'exploit de saisie-arrêt.	145
§ 2. Assignation en validité..........................	147
Section II. Dénonciation de la demande en validité	147
CHAPITRE III. — Jugement de la demande en validité et de la demande en main-levée. — Compétence...........	149
Première Section. Jugement de la demande en validité..	149
Section II. Jugement de demande en main-levée.	153
Section III. Compétence	155
CHAPITRE IV. — Assignation du tiers saisi en déclaration affirmative. — Formalités de la déclaration. — Devoirs du tiers saisi	161
Première Section. Assignation du tiers saisi en déclaration affirmative...............................	161
Section II. Formalités de la déclaration. — Devoirs du tiers saisi..	165

CHAPITRE V. — Effets de la saisie-arrêt jusqu'au jugement de validité.. 172
    Première Section. Des effets de l'exploit au cas de compensation, payement, cession, etc. — Concours entre saisissants et cessionnaires.... 178
CHAPITRE VI. — Effets du jugement de validité et résultats définitifs de la saisie-arrêt................................ 191
CHAPITRE PREMIER. — Saisies-arrêts spéciales......... 207
    Première Section. Saisies-arrêts ès-mains des fonctionnaires publics.................................... 207
    Section II. Saisies-arrêts formées par l'État et les administrations publiques............................. 210
CHAPITRE II. — Droit international privé.............. 214
CHAPITRE III. — Droit comparé....................... 222
CHAPITRE IV. — Réformes à introduire............... 228
APPENDICE.. 233
PROPOSITION DE LOI.................................. 239
POSITIONS.. 247

Documents manquants (pages, cahiers...)
NF Z 43-120-13

www.ingramcontent.com/pod-product-compliance
Lightning Source LLC
Chambersburg PA
CBHW070637170426
43200CB00010B/2053